Contromano

Mauro Covacich

Trieste sottosopra
Quindici passeggiate nella città del vento

Editori Laterza

© 2006, Gius. Laterza & Figli

www.laterza.it

Prima edizione maggio 2006

Edizione

18   19   20   21

Anno

2019   2020   2021   2022

Proprietà letteraria riservata
Gius. Laterza & Figli Spa, Bari-Roma

Questo libro è stampato
su carta amica delle foreste

Stampato da
SEDIT - Bari (Italy)
per conto della
Gius. Laterza & Figli Spa
ISBN 978-88-420-7985-9

Indice

Trieste sottosopra

Sissi col piercing.
Apparizioni a Miramare

I ragazzi in coda stentano a crederci. Dovranno visitare le stanze una a una, e soprattutto ascoltare la guida, una ragazza poco più grande di loro, piantata dritta come una spada nel suo contegno professionale con targhetta e tutto. Sono ungheresi, e stanchi. Da Pécs saranno almeno cinque ore di viaggio, senza contare le soste pipì. Vorrebbero stare fuori, giocare a frisbee sul prato, sdraiarsi sotto i pini e farsi le foto coi cellulari, e invece la gita prevede la visita al museo. Nel pomeriggio saranno ricompensati con un paio d'ore di shopping alle Torri d'Europa, il nuovo centro commerciale a forma di mausoleo azteco che attrae compratori di tutti i paesi a tiro di pullman. Ma adesso tocca alla cultura. Eccola minacciosa dietro quei vetri «in stile antico». Intanto un'altra comitiva – pensionate genovesi con la permanente e il k-way allacciato in vita, che non si sa mai – si è già intruppata nella fase uno, e un'altra guida ha sciolto la lingua: «Il castello di Miramare e il suo parco sorsero sul promontorio roccioso d'origine carsica di Grignano, per volontà dell'arciduca Ferdinando Massimiliano d'Asburgo (1832-1867), fratello minore dell'imperatore austriaco Francesco Giuseppe. Prego, venite avanti, sì, prego. Progettato nel

3

1856 da Karl Junker, fu terminato nell'aspetto esterno nel 1860. La sistemazione dell'arredo e la decorazione interna, opera di Franz e Julius Hofmann, furono ultimate dopo la partenza di Massimiliano per il Messico nel 1864. Nominato imperatore del Messico, Massimiliano venne fucilato a Queretaro nel 1867. Tra i pochissimi esempi di una dimora nobile conservata senza rifacimenti, il castello presenta, negli arredi e nelle decorazioni in stile eclettico, il fascino dell'abitare a metà Ottocento in un luogo che coniuga la suggestione mediterranea con l'atmosfera di forme tipicamente nordiche». La guida ovviamente glissa sulla sfortuna dei due castellani: lui che va incontro alle pallottole messicane senza aver quasi fatto a tempo a godersi le dorature e i divani di casa; lei che resta vedova e diventa pazza di noia e dolore (soprattutto noia). Non dice, la guida, della follia di Carlotta, né tantomeno della voce corrente secondo la quale spacciare Carlotta per pazza fosse di fatto un modo escogitato dalla corte per nascondere il più diplomaticamente possibile le sue simpatie comuniste.

I ragazzi di Pécs sono pronti a entrare, si muovono verso la penombra della biglietteria dentro una nube compatta di rassegnazione ovina. Alcuni danno un'ultima occhiata ai merli, alle guglie, alla rassicurante tipicità della facciata. In effetti il castello si presenta esattamente come uno si aspetta un castello, o meglio, come lo disegnerebbe se avesse, diciamo, dieci anni. Bianchissimo, intatto, medievaleggiante, coi profili e le superfici che sembrano ritagliati nel cartone. Non chiedono altro, gli ungheresi, che continuare a guardarlo da fuori – ci sono ventidue ettari di splendido parco che sale morbido verso l'alto, da cui puoi vedere il mare e la scogliera, e puoi mandare sms a chi ti pare, dove puoi poltrire con le cuffiette o fare il filo alle tue compagne, e da cui puoi anche, sì, al limite, continuare a guardare la facciata del castello – ma no, qua bisogna proprio entrare, altrimenti niente shopping alle Torri d'Europa.

Alle loro spalle, tra il bordo fiorito della fontana e i prodromi non ancora del tutto agglutinati della prossima comitiva, sfrecciano due ragazze in tutina da corsa. Più di qualche testa si gira. More, già ben abbronzate ai primi di aprile, i glutei sodi dentro i pantaloncini, il piercing all'ombellico, immobile nel reticolo degli addominali. Due triestine – non proprio ragazze, a ben vedere – in pausa pranzo.

Quanti di quelli che si sono voltati a guardarle lo hanno fatto per istintiva attrazione e quanti per lo shock di vedere infranta l'immagine aristocratica, salottiera, della triestina tutta Sissi e operetta con cui sono partiti per questa gita? Me lo chiedo perché conosco un sacco di persone che, dopo qualche giorno a Trieste, mi hanno confessato il loro smarrimento. Di primo acchito, tutto sembra confermare le aspettative e hai l'impressione che da un momento all'altro Romy Schneider ti sfilerà davanti in carrozza, poi cominci a capire – come sta capitando a questi gitanti travolti dalla ventata pop delle due runner – che il cliché non dà conto della complessità della città vera. Eppure, non c'è contraddizione. O meglio, l'identità autentica di Trieste passa attraverso la sua natura contraddittoria. Sissi, ad esempio, la bella Sissi che veniva spesso a trovare la cognata pazza qui a Miramare, faceva due ore di ginnastica al giorno. Amava concedersi lunghe passeggiate, anche fuori dal parco e sempre senza scorta (sarà così che nel 1898, in una fresca mattina di settembre, l'anarchico Luigi Lucheni la ucciderà a colpi di stiletto sul lungolago di Ginevra). A Schönbrunn la principessa Sissi si esercitava agli anelli. Li aveva fatti installare in una stanza piena di specchi, trivellando pregiatissimi stucchi. Era una fissata della dieta, fin quasi a creare lei per prima lo stile anoressico, quella sensibilità estenuata che riempie i ristoranti vegan di Soho. Si era anche concessa il capriccio di un tatuaggio. Insomma, la vera Sissi, esattamente come la vera Trieste, non è quella che vi siete sempre immaginati, non è Romy Schneider e non è neanche quella vecchia signora che gira ancora adesso per il centro tutta bardata da gran dama dell'Ottocento. No, Sissi, come Trieste, è una giovanissima quarantenne dei nostri giorni, tatuata, tonica, igienista, che non ho nessuna difficoltà a immaginare anche depilata con l'elettrocoagulatore, abbronzata e, perché no, col piercing all'ombellico, come le due runner di prima.

Mi inoltro nella parte più alta del parco, quella che si arrampica verso la minuscola stazioncina di Grignano, scavalcando la galleria nella roccia dentro cui si infila la strada costiera e aprendosi in un boschetto di alberi di alto fusto via via sempre più dolce, sempre più rado. Qui l'umanità cambia. È composta in prevalenza da stranieri, ma non si tratta di turisti. Sono gli scienziati della Sissa (Scuola Internazionale Superiore di Studi Avanzati). Matematici, fisici, astronomi, genetisti, neurobiologi, in prevalenza orientali, camminano nel bosco col cartoccio dello spuntino tenuto come un neonato, portano la testa a prendere una boccata d'aria prima di rientrare a torchiarla nei begli edifici le cui vetrate baluginano lassù, tra i ripidi tornanti di via Beirut. Gli istituti della Sissa sono praticamente un covo di premi Nobel e di ricercatori sul punto di diventarlo. Verrebbe quasi da controllare la radioattività di questa zona, data la concentrazione di superintelligenze all'opera. Mi pare proprio di sentire l'iperproduzione cerebrale, il campo elettromagnetico di formule e pensieri nel quale sto entrando. Saluto con un lieve cenno della testa un indiano seduto su una panchina e lui ricambia con un sorriso. Sulle gambe ha una ciotola da cui pesca con le dita una specie di intruglio di cereali. Chissà se la mensa della Sissa dispone di una cucina specializzata con tanto di piatti «etnici», oppure questo scienziato indiano, prima di uscire di casa stamattina, si è preparato da mangiare? Sarei tentato di chiederglielo. Uno dei premi Nobel, tra l'altro, un matematico se non sbaglio, è indiano. Intanto ne incrocio altri due, cinesi a occhio, e perdo l'attimo, quel briciolo di sfrontatezza necessaria per disturbare l'indiano mentre nutre il suo cervello e il corpo che lo ospita.

Sono una presenza più che prestigiosa, gli scienziati della Sissa, eppure non sembrano rientrare, se non in situazioni di rappresentanza formale, nell'immagine che Trieste stessa dà di sé. Vivono nel loro esilio profumato di resina, tra i dipartimenti e la pineta di Miramare. In città si vedono poco, sfuggendo – del tutto involontariamente, credo – al ritratto mitteleuropeo che i turisti invece sono pronti a cogliere in ogni scorcio, urbano e antropico, della vita del centro.

Trieste è a tutti gli effetti la metonimia perfetta della Mitteleuropa – eredità asburgica, crogiuolo di razze, pluriglottismo e soprattutto una tradizione letteraria di grande respiro e fortemente connotata in senso europeo – dici Trieste e pensi a tutto questo. Però abitando qui oggi, nei primi anni del Ventunesimo secolo, la sensazione è che la cultura mitteleuropea e quindi la «triestinità» abbiano trovato nell'autorappresentazione letteraria non solo il proprio tratto distintivo, ma anche la propria prigione. In altre parole, credo che la Mitteleuropa non sia fatta solo di libri mitteleuropei che ripropongono l'immagine mitteleuropea, bensì, innanzitutto, di persone mitteleuropee che ogni mattina si svegliano, fanno colazione, vanno al lavoro, a studiare, eccetera, e non mi pare che la letterarietà dia soddisfazione di questo fenomeno. Se, come spero, è la letteratura a nutrirsi della vita e non viceversa, allora sarà meglio osservare quanto è più varia, più ambigua e forse anche più interessante la vita di Trieste rispetto allo stereotipo pur lusinghiero nel quale è ingabbiata. Questo parco meraviglioso, ricamato meticolosamente dai giardinieri di Massimiliano d'Asburgo, oggi è frequentato da matematici indiani e maratonete in tutine da cubista. Oggi la mia città è una Sissi col body in lycra. È una città dai tratti molto meno definiti, forse non più aristocratica, di certo però ancora viva. È una Sissi col piercing, i capelli blu cobalto, una salamandra tatuata sul collo. Ha ancora le dita affusolate della principessa, ma si mangia le unghie.

A guardarlo meglio, non si tratta neanche di un cambiamento legato al presente, del solito sincretismo da imputare all'epoca. Accanto alla Trieste austroungarica è sempre esistita un'altra Trieste. Accanto alla città dei caffè letterari, della composta amicizia di Svevo e Joyce, c'è sempre stata un'altra città, morbida, disinvolta, picaresca, dai connotati quasi carioca. C'è il lungomare di Barcola, ad esempio, dove la gente prende il sole sei mesi all'anno e fa il bagno anche in ottobre. C'è un edonismo antico, morale, nei triestini. E anche un vitalismo moderno un po' easy-going, alla californiana. Un amore per la vita che veneti e udinesi considerano erroneamente come godereccio, solo perché non si confà agli standard della produzione e del profitto nordestini. Non a caso molti di loro indicano Trieste come la Napoli del Nord.

Ecco – Rio, California, Napoli – questa Trieste e questa triestinità non hanno raggiunto quasi mai le pagine dei libri, non hanno mai fatto letteratura. Eppure aveva proprio ragione la guida delle signore genovesi quando ha detto: «Un luogo che coniuga la suggestione mediterranea con l'atmosfera di forme tipicamente nordiche». Mentre ammirerete i pizzi e i lumi delle stanze di Carlotta, come staranno facendo i poveri ragazzi di Pécs, non dimenticatelo mai: cercate una finestra, date un'occhiata fuori, al sole, al mare, tenete presente che Trieste è una città meridionale, la città più meridionale dell'Europa del Nord.

Scendo per il sentiero che serpeggia in mezzo ai prati esposti a ovest come naturali balconate sulla baia di Grignano, tappeti d'erba che luccica tra gli zainetti dei liceali in marina, e la gioia di questi urletti primaverili si condensa fin quasi a poterla toccare. Giocano a rubamazzetto, si rincorrono, ridono, ridono come matti – soprattutto le ragazze, in coppie a spettegolare, a fingere di parare pizzicotti, una mano sola, l'altra sempre impicciata dal cellulare – arraffano ingordi tutta l'aria nuova che c'è da prendere in questi primi giorni di aprile. Marinare a Miramare è stato un passo obbligato per ogni generazione, e comunque i triestini continuano ad amare questo parco e a frequentarlo anche da adulti, facendone uno dei rari posti dove turisti e locali si mescolano, seppur fortuitamente.

Riprendendo la strada verso l'uscita mi fermo un istante sull'unghia di ghiaino sospesa a picco su Grignano. Appoggiato alla ringhiera dei cannocchiali a gettoni, contemplo laggiù le file ordinate dei tavolini nei dehors dei bar, le teste rovesciate all'indietro, l'orgasmo dei colli offerti al sole, e poi il porticciolo, un tizio che impacca le vele sul boma, il ristorante sciccoso coi pini cresciuti dentro il soffitto per non tagliarli. Più in fondo, ma ben visibile anche a occhio nudo, c'è il Bagno Riviera, con quei venti metri di colonna di cemento che danno al cliente lo sfizio di scendere in spiaggia con l'ascensore e spaccano l'incanto del verde bruno della costiera. Si vedono operai tinteggiare i capanni. Ci ho lavorato anch'io per due stagioni, in quello stabilimento. Il periodo più bello per il bagnino è proprio questo, quando aggiusti gli scalmi, oli il paranco, togli la sabbia e le foglie dai cessi, gratti via le alghe dalle scalette, liberi le gronde dagli aghi di pino, fai merenda insieme agli altri con le gambe a penzoloni giù dal moletto e non fa ancora caldo e non c'è ancora gente e niente, insomma, è cominciato davvero. Dopo verranno i turni di barca, le sudate, il facchinaggio, le mance, le ragazze, sì, certo, anche le ragazze, ma dopo – adesso è aprile e si tinteggiano i capanni.

Grignano è di fatto l'ultimo tratto sabbioso della costa adriatica. Non c'è una battigia vera e propria – l'accesso al mare è cementificato – ma in acqua trovi la stessa sabbia di Rimini. È da Miramare che il fondale si fa roccioso, definitivamente roccioso lungo tutta l'Istria e la Dalmazia, quasi a segnare l'inizio di un altro mare, limpido, cristallino, e forse di un'altra terra. Grignano è l'ultimo metro di Occidente. Al di qua, proprio a partire da questa ringhiera di Miramare su cui sono appoggiato, comincia Trieste, con le scogliere, i venti, i colori di un mondo non proprio esotico, ma certo poco familiare a veneti e romagnoli.

Non sono in grado di dire se nella calca del parcheggio

centrale ci siano anche gli ungheresi. Le signore di Genova sì, sono facilmente riconoscibili per il k-way e la quasi unanime permanente celeste. Alcune hanno il catalogo del museo sotto braccio. Hanno tutte la voce più alta di un'ottava in vista del vero appuntamento della giornata: la scorpacciata di pesce in uno dei cento ristoranti per comitive disseminati da qui fino al valico di Rabuiese. Ci sono pullman austriaci, parecchi italiani, uno ceco. Quello di Pècs non lo vedo. Mi piace credere che sia un buon segno per i ragazzi deportati nel castello. Non oso pensare dove gli faranno aprire i sacchetti del pranzo. Nella piazza di fronte alla stazione? Su un'area di sosta della tangenziale? Io so dove li avrei portati. Supero la ressa immaginando di averli con me. Sono io il capogruppo adesso. Basta fare ancora due-trecento metri e si può di nuovo ricominciare a camminare senza urtare nessuno – e intanto, altre Sissi che corrono, altre Sissi che pattinano, altre Sissi che risalgono in bicicletta – qui di solito i turisti sono già in pullman, non vedono le callette bianche, il corpo sontuoso della città disteso frontalmente, troppo frontalmente al loro procedere. Arrivati alla caserma dei carabinieri – credo i carabinieri più fortunati d'Italia – c'è una piccola, incantevole spiaggia ancora compresa nella riserva marina del parco e quindi preclusa ai bagnanti. Quand'ero in quinta elementare la mia maestra ci portò qui una mattina di fine maggio per pulire la spiaggia. Guanti, sacco di nylon e via. Era il 1976, un'epoca in cui essere ecologisti rappresentava ancora qualcosa di pionieristico e lievemente trasgressivo, almeno in Italia. La mia maestra aveva ventitré anni, era fiorentina. Quella mattina, io e altre quattro canaglie facemmo il bagno di nascosto. A Umberto gli erano caduti gli scarponcini in acqua e cominciò a gridare come un maiale perché non riusciva più a rimetterseli. Non potrò mai dimenticare il terrore della maestra quando ci vide in mutande, infreddoliti, con Umberto che lottava disperato con le scarpe. Cercò di aiutarlo e cominciò subito a piangere anche lei. Era come se volesse ficcare lì dentro tutte le sue responsabilità, ma le scarpe si erano ristrette, e le responsabilità erano davvero tante per poterci entrare. Semmai capiterà che Susanna Montecalvo legga queste righe, vorrei che sapesse che io quella mattina ho capito cosa significa sbagliare e che per me lei resterà sempre, nonostante la biondina minuta che era, una gigantessa dell'educazione.

Ecco, adesso mi chiedo fino a che punto quella ragazza di Firenze si era integrata nella città, se aveva trovato un moroso triestino, se lui le aveva fatto conoscere il segreto di questo posto. Io, ai miei ragazzi ungheresi, lo mostrerei subito. Mentre loro sarebbero intenti a mangiarsi i panini seduti a un metro dal mare, io gli chiederei di girarsi e di osservare la roccia a forma di ananas che si erge per una decina di metri giusto di rimpetto alla caserma. Pare impossibile che lassù tra quegli arbusti ci sia lo spazio anche solo per stare in piedi senza rischiare di cadere di sotto, invece – sorpresa! – c'è una specie di sella naturale che sembra pensata apposta per sdraiarsi... in due. Ai miei ragazzi ungheresi spiegherei che sul lato del mare, cioè sul lato nascosto, ci si arrampica con estrema facilità. Le sere d'estate sembra di essere su un'isola deserta – con le luci formicolanti della città sullo sfondo e le stelle contro il cielo finalmente nero –, sembra di essere sul ciuffo di un ananas gigante dimenticato in mezzo al nulla e invece ci si trova distesi a pochi passi dal parcheggio dei pullman e dalla caserma. Ovviamente la coppietta che arriva lassù può anche limitarsi a fare due chiacchiere – questo dovrei dire ai miei ragazzi ungheresi – però a giudicare dalle facce di chi scende è abbastanza raro che succeda. Sì, avrei proprio voglia di dirglielo: fra qualche anno tornate con la morosa, se non trovate nessuna macchina parcheggiata sotto (segnale convenzionale di «occupato») metteteci la vostra e salite a godervi la serata. C'è più Trieste su quell'ananas che nelle stanze che avete appena visitato.

Bora a San Luigi

Immaginate di avere fortuna. Immaginate il classico colpo di coda dell'inverno: siete partiti per una gita primaverile e adesso vi trovate in mezzo a raffiche di centoventi chilometri all'ora. Non è così che doveva andare questo 11 aprile, starete pensando mentre battete i denti in qualche sottopassaggio o galleria di negozi. Eppure siete fortunati, state vivendo una giornata di bora. Quindi, non fatevi prendere dallo sconforto, entrate nel primo grande magazzino, compratevi una giacca a vento (andate pure dai cinesi se il problema è la spesa) e seguitemi.

La bora è forse la cosa più nota di Trieste, almeno dal punto di vista mediatico. Ogni volta che si verifica un cambiamento sensibile di clima partono i servizi dei tg sull'«emergenza freddo», e nella rapida rassegna delle città più colpite entra immancabile un rvm con il Molo Audace sferzato dalle raffiche, sul quale altrettanto immancabilmente il giornalista annuncia «a Trieste bora». Nell'rvm si vedono sempre le stesse vecchiette afferrate ai corrimani, sempre la stessa signora impegnata a raddrizzare l'ombrello, sempre gli stessi sbuffi di schiuma sul mare incattivito. Ora, la cosa divertente non è solo che quell'rvm sia lo stesso per tutti i tg da dieci, forse vent'anni, ma che molto spesso, quando viene lanciato, a Trieste non c'è nessuna emergenza freddo, né tantomeno raffiche di bora. Io l'ho scoperto per caso, telefonando a mia madre quand'ero fuori città. «Mamma, c'è bora?» «Macché bora! Sì, sì, ho visto anch'io il tg, ma qua non c'è una bava di vento», e così per parecchie volte. Tanto che per me la bora è diventata anche una specie di recettore virtuale, una centralina meteo dell'attendibilità dell'informazione. Questo per dire due cose. Primo, se nutrite qualche dubbio sul vostro tg preferito, quando dicono «a Trieste bora» telefonate a mia madre e verificate la notizia: falsa quella, potenzialmente false tutte. Secondo, la bora è un fenomeno piuttosto raro e – ciò che tenterò di dimostrarvi oggi – non necessariamente calamitoso.

Dai portici di via Battisti prendiamo il 26 e saliamo a San Luigi, il rione dove ho trascorso l'infanzia, uno dei più battuti dal vento (qualsiasi vento). La bora nasce per spostamenti d'aria dovuti a differenze di pressione. Scaturisce dal punto d'incontro di due climi, quello nordico e quello mediterraneo, ed è quindi, anche per quanto detto nel precedente capitolo, la perfetta sintesi dello spirito della città. Trieste è posta all'estremità di un mare caldo che si spinge nel continente, e ha alle spalle un retroterra freddo. Sbalzi di pressione e di temperatura determinano l'afflusso dal Centro Europa di masse d'aria secca. La bora arriva da nord-est, si incanala nel valico di Postumia e acquista forza e velocità nel dedalo delle vie cittadine. Quando soffia come oggi, le navi rafforzano gli ormeggi, l'amministrazione comunale mette fuori le corde nei punti cruciali, i motorini sono tutti un groviglio sui marciapiedi, dai tetti piovono tegole e, ovviamente, i cassonetti corrono dappertutto. Ma difficilmente sentirete qualcuno lamentarsi. C'è semmai, nel senso comune dei triestini, tutta una retorica sulla salubrità della bora. L'idea che dia tono e fortifichi non solo il fisico ma anche il carattere. L'idea che porti via le malattie. L'idea che sia una ninfa del Carso, in qualche modo protettiva. L'idea che sia la voce e il respiro possente della città. Una cosa è certa, sentite com'è pulita l'aria oggi? Sentite come pizzica il naso? E avete mai visto un cielo così alto e luminoso? Un cielo che sembra laccato? Senza contare, poi, che con la bora ci si può proprio divertire.

L'autobus ci scarica in via Biasoletto. Di fronte si apre a forma di amo il caseggiato dell'Icam (Istituto Comunale per Abitazioni Minime) dove vivevano i miei nonni paterni. Progettato nel 1912, semplicemente, modestamente, dall'ufficio tecnico dell'Istituto, resta un monumento all'urbanistica, ma più ancora al senso di civiltà dell'architettura di scuola austriaca. Il complesso è composto da sei case di quattro piani, ognuna sfalsata in altezza rispetto a quella adiacente in modo da seguire la pendenza del suolo. Ogni piano ha quattro bilocali, aperti su entrambi i lati per favorire l'aerazione, secondo i dettami delle teorie igieniste, e dotati, *tutti* dotati di wc. Questi erano gli alloggi per i poveri, le case popolari di quello che sarebbe diventato uno dei rioni del proletariato triestino, e avevano già all'inizio del Novecento il bagno interno. Non solo: erano intonacati con estrema cura, impreziositi da fregi decorativi, i balconi con una balaustra in ferro, la zoccolatura e gli spigoli in bugnato, la corte suddivisa in ampi terrazzamenti, con panchine rosse di legno e un bel prato. A guardarle ancora adesso da fuori si capisce subito che non si può che vivere bene in un posto così. Chi l'ha disegnato (Ludovico Braidotti) forse non era un genio dell'architettura ma aveva chiaramente pensato che lì dentro ci sarebbero state delle persone. Persone che si sedevano a tavola, che si lavavano i denti, che litigavano, che schiacciavano un pisolino. Persone, abitanti, esseri umani che avevano il diritto di vivere in una casa confortevole. Edifici di questo tipo sono, come la bora, il punto di incontro dei due aspetti di Trieste, quello caldo e quello freddo, quello estetico e quello morale, quello del piacere e quello del diritto e della giustizia.

Da quella finestra del terzo piano mia nonna la sera si metteva a guardare proprio la fermata dove siamo appena scesi. Era il suo modo per rilassarsi. Aveva messo su una specie di minisalone di parrucchiera in casa. Da brava meridionale – nonna Lisa era di Muro Lucano – si arrangiava come poteva e andava molto fiera di avere anche clienti che venissero dal centro. Dalla *città*, diceva lei. Dopo le cinque smetteva e si sistemava davanti alla finestra a fumare. Era una donnina piccola piccola, molto melanconica e sentimentale. Mio nonno se l'era portata a casa tornando dal confino politico quando lei aveva appena diciott'anni. Era scappata dal collegio ed era finita a fare la parrucchiera abusiva a Trieste con un dongiovanni stalinista per marito. Chissà cosa c'era dietro quel vetro, cosa vedeva dove guardava. Forse tutte le strade che la sua vita non aveva preso. Forse solo la fermata. Di certo, però, le sue serate preferite erano quelle con la bora. Allora si sistemava bella cuccia – il cuscino dietro la schiena, una moka da sei accanto – e si pregustava lo spettacolo. Quando la gente scendeva dall'autobus lei si sbellicava dalle risate. C'era quello che abbracciava il lampione, quello che si piegava a quattro zampe, quelli che facevano catena come nelle figurazioni dei paracadu-

18

tisti, quello che immancabilmente finiva a gambe levate. Di lì a qualche anno mi sarei affezionato all'appuntamento televisivo di *Oggi le comiche*, avrei riso per scene identiche a quelle che facevano sbellicare mia nonna, avrei sentito forte la sua mancanza sul nostro divano.

Nel cortile di via Biasoletto, adesso inspiegabilmente asfaltato, ho trascorso quasi tutti i pomeriggi senza pioggia degli anni che vanno dall'età prescolare fino a quelli in cui ho cominciato a frequentare il ricreatorio (un'altra istituzione importante di Trieste che visiteremo tra poco). Questa è stata la mia via Pal. Su questi ex spazi erbosi ho giocato, in senso rigorosamente cronologico: alla casa, a Barbie e Ken, a Tarzan (sui pali a T dei fili del bucato), a una serie infinita di *sese* (la *sesa color*, la *sesa cuceti*, la *sesa in alto*, eccetera), a *papagal che ora xe?*, a palla avvelenata, a nascondino, a calcio, al tiro al lampione; oltre, ovviamente, a picchiarmi di santa ragione coi miei amici – e amiche – per ogni più futile motivo (abitudine se possibile intensificata negli anni della seconda infanzia e del ricreatorio). Eravamo sempre un esercito di bambini, un sacco di bastardelli sguinzagliati dalle famiglie appena dopo pranzo nella speranza che il casino infernale che avremmo fatto in casa, separatamente, in qualche modo si neutralizzasse nel baccano collettivo.

Ho detto – fateci caso – pomeriggi senza pioggia, non senza bora. Quando soffiava la bora ci si vestiva semplicemente di più, come oggi; non si restava in casa. Erano pomeriggi particolari perché in effetti, con raffiche a cento all'ora, non è che si potessero fare molti giochi. Ma viene sempre il momento in cui i più grandi mettono a frutto la loro infinita superiorità e scoprono una cosa nuova o magari, come nel nostro caso, si inventano una prodezza che sconvolgerà fatalmente le gerarchie interne al gruppo, infrangendo vecchi ranghi e creandone di nuovi. Sul retro delle case dell'Icam scende via Marchesetti. È una via non molto ripida, stretta però tra la parete ininterrotta degli edifici e il Boschetto del Cacciatore come una galleria naturale, ma sarebbe meglio pensare a un lunghissimo half pipe, una pista da skateboard nella quale le raffiche entrano compresse e pompano via tutto quello che trovano, ivi compresi bambini con l'eskimo aperto a pipistrello... Ecco la trovata, provare a scendere a rotta di collo con le ali, senza finire a pelle d'orso, oppure – seconda opzione del gioco – resistere contro vento senza spostare i piedi. Inutile dirvi che il divertimento è assicurato: i più leggeri di voi rischieranno non proprio di volare, ma di perdere contatto con la terra be', questo sì. Se però non ve la sentite di provare – l'unico vantaggio etologico di non essere bambini è che ritrarsi non fa perdere posizioni, non tante, diciamo – potete sempre limitarvi ad affacciarvi sulla via, ad aspettare come fanno i surfisti con l'onda buona e poi, quando arriva, a sentire, schiacciati bene a terra, come ulula furiosa nel boschetto, come vi entra nelle narici, nel cervello, e vi toglie il respiro. Non prendetemi per un pazzo fanatico, questa fredda giornata di aprile è una fortuna che hanno avuto in pochi. Non buttatela via, non difendetevi dalla bora, lo dico sia nel caso siate qui con me, sia nel caso progettiate di venirci – ben imbacuccati – in futuro.

Ancora San Luigi,
dal ricreatorio all'osteria

Appena più sotto il caseggiato di via Biasoletto, restando sempre sullo stesso marciapiede – la sentite la raccomandazione di nonna Lisa (la testa sulla soglia, i bigodini in mano, la cicca in bocca)? Resta sul marciapiede! – si impone in tutta la sua scombinata vastità il ricreatorio Lucchini. Due campi di pallacanestro, un piazzale per i giochi tipo bandierina, mezzo campo di calcio con porta senza rete, quattro corsie per le gare di velocità, tutto in cemento ovviamente. In fondo, un giardino alberato (in gergo, la campagnetta), dove si gioca nelle ore più calde dei pomeriggi estivi, quando gli adulti non hanno neanche voglia di respirare e i bambini cercano almeno un po' d'ombra per continuare a scatenarsi. Dentro, subito dopo il temutissimo ufficio del direttore, si aprono su entrambi i lati del corridoio le stanze dello studio e della ricreazione. C'è la saletta per i compiti, la stanza della musica, l'ex officina del falegname (ora laboratorio informatico), lo stanzone coi tavoli da ping-pong e i calciobalilla (facilmente adattabile a platea per le serate speciali di teatro). Dallo stanzone, tramite una specie di manica lunga recentemente ristrutturata ma ai miei tempi minacciata dall'incubo *pantigane*, si accede alla palestra.

E allora? direte voi. Dove sta la novità? Hai appena descritto né più né meno che un oratorio. Già, solo che forse non avete notato che manca l'aula per il catechismo – la sala macchine dell'oratorio –, forse non vi siete accorti che in mezzo a tutti questi bambini non ci sono preti. I ricreatori sono interamente gestiti da maestri elementari, personale regolarmente prelevato dalle liste del Provveditorato agli Studi. I ricreatori sono un'istituzione comunale, un vessillo della cultura laica di stampo teresiano. La cattolicissima Austria aveva concepito l'istruzione (e la ricreazione) ben scevra da influssi religiosi. Il divertimento intelligente, il doposcuola, l'educazione alle arti dovevano restare una prerogativa delle istituzioni pubbliche. Ed è così che già alla fine dell'Ottocento nascono i ricreatori: condotti inizialmente dalla Lega Nazionale*, passati successivamente all'Opera nazionale dei balilla (1919), infine definitivamente spoliticizzati nel secondo dopoguerra.

I ricreatori sono anche il modo con cui buona parte dei bambini triestini imparano a conoscere la città. Un po' come per le contrade di Siena, anche qui vale il campanilismo rionale, sicché i primi luoghi che popolano la topografia della mente di un piccolo iscritto del Lucchini sono nomi dei ricreatori avversari. Durante l'anno vengono organizzati diversi tornei sportivi panrionali e a suon di trasferte si impara che il De Amicis è a San Vito, il Pitteri a San Giacomo, il Gentilli a Servola, il Cobolli a Valmaura, il Toti a San Giusto – una prima mappatura della città attraverso i colori del-

---

* La Lega Nazionale aveva lo scopo statutario di promuovere lo studio della lingua italiana, nonché il mantenimento di istituzioni italiane entro i confini dell'Impero nelle zone di popolazione mista.

le magliette, l'accoglienza degli ospiti (alcuni offrono il gelato a fine partita, altri no), e soprattutto, ripeto, attraverso i nomi. Come Marcel nella *Recherche* di Proust sogna i mondi magici nascosti in ognuno dei Guermantes semplicemente pronunciandone i nomi, così anche noi nominavamo la squadra avversaria assaporandone la suggestione evocativa, l'immagine straniera eppure ben connotata che ci trasmetteva. Il fatto che quelli del De Amicis fossero ricchi e quelli del Cobolli poveri lo si apprendeva abbastanza presto sul campo. Ma prima ancora c'era la fredda cordialità che ispirava quel «De Amicis», la buffa aria western di quel «Cobolli» (da tutti chiamato Cow-bolli). Ogni nome ci avrebbe portato dritti allo spogliatoio di altri ragazzini, alle loro calze di spugna, al loro modo di parlare – quelli del De Amicis non sapevano il dialetto – al loro taglio di capelli. Un nome che già dopo il primo incontro avrebbe racchiuso i ritratti delle loro famiglie e quelli ben più ampi delle loro camerette, delle loro vie, dei quartieri nei quali abitavano. Certo, questo discorso si riferisce a un periodo in cui i rioni erano ancora socialmente molto omogenei, ma credo che la pratica ricreatoriale intesa come conoscenza della geografia umana mantenga tuttora la sua efficacia.

I ricreatori sono estremamente utili per capire lo spirito dei triestini. Un'educazione trasmessa per generazioni e generazioni al di fuori di qualsiasi influenza ecclesiastica, un doposcuola (e una scuola) dove non si prega se non per scelta personale, ha favorito l'emergere di una mentalità libera da pregiudizi, tendenzialmente aperta, sempre pronta ad amare la vita senza inibizioni e falsi pudori. Se parlate con un triestino vi accorgete subito di questa cosa, non conosco eccezioni al riguardo. D'ora in poi tenete presente che molto probabilmente un pezzo importante del suo modo di essere deriva da quei pomeriggi spesi a sbucciarsi le ginocchia sul cemento del ricreatorio. Da quei pomeriggi e dai maestri che lo portavano in infermeria prendendolo per un orecchio.

Il maestro Eugenio era un omino pieno di peli e capelli rossi con un carisma annichilente. Anche quando avevi i tuoi bravi tredici-quattordici anni e lo superavi di una buona spanna, non avresti mai osato contraddirlo, meno che meno reagire alle sue mosse cinesi. Per dividerci durante una zuffa, il piccolo maestro Eugenio ci afferrava all'attaccatura delle basette e poi ci teneva sospesi come due tonni – lui le braccia tese verso l'alto, noi in punta di piedi col collo torto – finché non finiva la ramanzina. Certo, si trattava di giustizia sommaria, un po' da sceriffo, ma noi la preferivamo di gran lunga a un regolare processo davanti alla scrivania del direttore. E poi, inutile dire che l'apparente brutalità del maestro Eugenio rendeva ancora più preziosi i suoi gesti d'affetto, le volte che ti prendeva la testa nella morsa del braccio e ti faceva *scartazzetta**, le volte che si degnava di partecipare a una partita di pallacanestro, le volte che ci portava nel bar di fronte e ci offriva il ghiacciolo.

Un iscritto può frequentare il ricreatorio fino al quindicesimo anno di età, dopodiché come un giovane leone viene gentilmente invitato ad abbandonare il branco. Verso l'ultimo periodo il ghiacciolo non ti basta più e cominci a fare cose stonate col posto. Nera, ad esempio, organizzava gare di sco-rutti. In realtà era l'unico a sapere scoreggiare e ruttare insieme, per cui i suoi erano a tutti gli effetti degli

* Sfregamento delle nocche sui capelli.

24

one-man show. D'Agosto faceva lo yo-yo con la saliva. Alla fine della partita si sedeva sulla panchina, ingollava lunghe sorsate dell'aranciata comprata con la colletta degli sconfitti e poi aspettava appoggiato coi gomiti sulle ginocchia. Quando era sicuro che lo stessimo guardando tutti, cominciava a sprizzare nel largo diastema degli incisivi un cordoncino di bava arancione, riuscendo a risucchiarlo completamente un attimo prima che cadesse a terra e subito sprizzandolo di nuovo tra i denti, in un su e giù sempre più arrischiato, sempre più spettacolare. Insomma, a un certo punto i giovani leoni se ne devono proprio andare. È un momento anche molto triste, ma serve a metterli in condizione di trovarsi una loro savana e farsi crescere la criniera.

A proposito di nomi, non ho mai saputo come si chiamasse veramente Nera, né probabilmente saprò mai se anche quello di D'Agosto era un soprannome o il cognome vero – sono cose che un piccolo non osa chiedere a un grande del ricreatorio, o forse, più semplicemente, neppure gli passano per la testa. Però quei pomeriggi sospesi nel gioco per il gioco, quei pomeriggi pieni solo della voglia di starci dentro, senza altri pensieri che palleggiare e sentire la palla che rimbalza, quei pomeriggi che per Nera e D'Agosto erano quasi finiti e per noi piccoli, invece, si sarebbero moltiplicati per chissà quante stagioni ancora, ecco, quei pomeriggi sono uno stato dell'essere di cui ho una memoria fisica pressoché intatta e per il quale esiste un unico nome: felicità.

Quando i miei hanno comprato casa a Valmaura io prendevo due autobus pur di raggiungere gli amici al Lucchini. Anche mio padre era molto legato al rione di San Luigi e continuava a frequentare l'osteria di Valerio, cinquecento metri più sotto il ricreatorio. Osteria e ricreatorio sono due risposte perfettamente coerenti della stessa civiltà. L'osteria non è l'hostaria con l'acca fighetta per gonfiare il conto e spacciare roba surgelata per piatti tipici. L'osteria non è neanche la trattoria, nel senso di un posto semplice dove mangiare un boccone. Ma soprattutto l'osteria non è un covo di ubriaconi – di vino se ne beve poco, spesso tagliato con l'acqua o con l'aranciata, in bellissimi bicchierini da un ottavo. L'osteria è una via di mezzo tra un dopolavoro e un circolo per signori. È un locale frequentato sempre e solo dalle stesse persone, che si conoscono tutte, dalla prima all'ultima, e ci vanno a passare un paio d'ore prima di cena, chi giocando a dama, chi a tressette, chi a bocce, chi semplicemente chiacchierando. Questo dà un po' la misura del rapporto dei triestini col vino e mi permette dei distinguo. A Trieste non si beve per star male, non ci si chiude in casa e ci si ammazza di alcol, il vino è sempre il medium di una situazione conviviale. Difficilmente vi imbatterete in qualche ragazzo solo, che si spegne al banco a suon di drink, come mi è capitato di vedere in certi venerdì sera a Londra e come so che accade nella profonda provincia friulana. Qui a Trieste, in barba alle statistiche regionali, l'alcolismo non è una piaga sociale. E anche la canzonetta che recita «*davanti a un fiasco de vin quel fiol de un can fa le feste, perché xe un can de Trieste*» non coglie lo spirito di un'euforia più governata e razionale che caratterizza i bevitori di questa città.

Quando il ricreatorio chiudeva, io percorrevo i cinquecento metri che mi separavano dall'osteria di Valerio e andavo a prendere mio padre. Spesso dovevo aspettare che finisse la partita. Se era inverno si trattava di dama, e io mi sistemavo buono buono sulla sedia accanto. Se era estate si trattava di bocce, e allora me la godevo di più, seduto sui tavolazzi lungo il campo a seguire i consigli tra compagni di squadra, le mire con un occhio solo, i prodigiosi colpi a volo, i passi strisciati sul terriccio e poi il rumore del ferro che schizza via. Arrivavo fradicio di sudore ovviamente – le mani ancora sporche della palla da basket – e Valerio mi offriva subito un bicchierone di aranciata. Ero l'unico ragazzino lì dentro, ma non mi sentivo per nulla a disagio. Tutti conoscevano la ragione della mia presenza, anche quelli con cui mio padre non giocava mai.

Era una comunità di uomini molto omogenea e solidale, o almeno a me appariva così. In prevalenza operai – mio padre faceva l'autista d'autobus – alle prese con qualche ora di svago, in un'epoca ancora miracolosamente immune dalla fregola del doppio lavoro. Alle volte capitava che Valerio sfornasse un prosciutto in crosta – una specialità triestina in cui l'intero posteriore del maiale viene cotto in una camicia di pane – e poi finiva che mia madre litigava con mio padre perché mi ero rovinato la cena. Era impossibile resistere a qualche fetta di prosciutto tagliata a mano, ancora fumante, con la *lagrima**, dopo un pomeriggio passato sul campo di basket: mio padre lo sapeva e sfidava coraggiosamente le regole di casa. I viaggi in vespa di ritorno a Valmaura, nelle sere piovose d'inverno e nei violetti tenui dell'estate, a respirare insieme la città che attraversavamo per intero, da parte a parte, sono stati forse i nostri momenti di maggiore complicità.

Mio padre non c'è più, ma l'osteria c'è ancora. La trovate in quel serpente di nome via Archi che scende nervoso verso il centro. Non immaginatevi un film di Kusturica. Co-

* Grassetto che cola.

27

me spero di avervi spiegato, l'atmosfera è suggestiva ma molto più sobria. Se fa abbastanza caldo da stare fuori, guadagnatevi un tavolo sotto la pergola e ordinate uno spritz. Vi porteranno un bicchiere da un quarto, metà vino bianco e metà selz (*spritzen* in tedesco significa spruzzare), una bevanda nata al tempo degli austriaci per dissetare senza ubriacare, che mantiene in sé e ripropone ancora una volta l'identità autenticamente spuria – l'umore vinoso e il cervello frizzante – di Trieste. Come tutte le cose vincenti esportate altrove, lo spritz ha subito mille variazioni sul tema – a Udine lo bevono con il limone, i veneti con il Campari o con l'Aperol – ma voi, mi raccomando, diffidate delle imitazioni.

I caffè e il caffè

Trieste è celebre per i suoi caffè, sia per quelli che si bevono sia per quelli in cui si sta seduti. Passeggiando per il centro, una persona mediamente curiosa ha modo di apprezzare entrambe le specie. Il che innesca un'altra combinazione, forse ancora più significativa: entrambe le specie hanno un particolare rapporto con la lingua (intendo con la lingua parlata, papille gustative escluse). Partiamo dalla seconda, i caffè storici*.

Il Caffè Tommaseo, il Caffè Stella Polare, il Caffè degli Specchi, il Caffè Tergesteo e, su tutti, il Caffè San Marco**. La lingua ha attraversato questi spazi nella forma della letteratura, vi è entrata senza clamore con le discussioni e le

---

* I caffè storici si riconoscono facilmente perché non fanno nulla per esibire la loro storicità. Recentemente, sull'onda della riscoperta turistica dei giganti del passato, sono fioriti luoghi che rivendicano con mille insegne e un arredo rorido di letteratura mitteleuropea presenze pressoché quotidiane dei soliti quattro assi del secolo scorso. Non prendete troppo sul serio i locali che hanno nomi di scrittori.

** Impossibile non menzionare anche l'ormai chiuso Caffè Tergeste: «Caffè di plebe, dove un dì celavo / la mia faccia, con gioia oggi ti guardo. / E tu concili l'italo e lo slavo / a tarda notte, lungo il tuo biliardo» (Umberto Saba).

chiacchiere dei più importanti scrittori vissuti a Trieste. Italo Svevo, i fratelli Stuparich, Virgilio Giotti, Umberto Saba, Scipio Slataper, Quarantotti Gambini, Bobi Bazlen e un certo James Joyce hanno parlato, mangiato e bevuto in questi posti. Non sempre tutti insieme – non oso pensare alla tempesta di cervelli che ne sarebbe scaturita – ma spesso in gruppi sufficientemente significativi da sfidare per il titolo europeo altre rappresentative coeve (quella di Vienna o di Parigi, ad esempio).

Il Caffè San Marco, a un passo dai busti celebrativi del Giardino Pubblico, è quello che ha meglio resistito nel tempo alle iniziative estetiche delle varie gestioni. Le specchiere, i tavolini in marmo e ghisa, il vecchio bancone in legno scuro sono rimasti quelli dell'apertura, avvenuta nel 1914 per opera di Marco Lovrinovich, istriano sentimentalmente legato, come quasi tutti gli istriani di nazionalità italiana, alla Repubblica Serenissima di Venezia. L'atmosfera che si respira qui dentro, i giocatori di scacchi, le persone che leggono i giornali infilati nei manici di legno, gli studenti che preparano la versione di latino, tutto quello che succede – ma soprattutto, e qui sta il bello, non succede – nelle ore nobilmente oziose del luogo è già stato reso in modo definitivo da un libro di Claudio Magris intitolato *Microcosmi*, al quale davvero non ha alcun senso aggiungersi. L'unica postilla di una qualche utilità riguarda semmai l'attuale gestione del locale.

Anche al San Marco infatti, nonostante la suggestione rétro – e l'infinita moltiplicazione di leoni veneziani riprodotti su soprammobili, ottoni, lampadari –, Sissi sfoggia il suo piercing... La sala del pianoforte viene ancora concessa per gli incontri di poesia, purché non si tratti di un «mercoledì di coppa», nel qual caso i maestri della lingua devono cedere il passo ai calciofili (avventori più interessanti quanto a consumazioni) e al megaschermo per la Champions League.

Eppure nelle consumazioni – soprattutto in quelle del caffè – la lingua conta, conta molto. Lasciamo la letteratura ed entriamo in una torrefazione. Anche grazie al suo porto, Trieste è sempre stata una capitale del caffè. Il che significa che l'espresso triestino, per qualità e rito, può competere senza timore con quello napoletano. A confermarmelo è stata la campionessa mondiale di degustazione Fabiana Pozzar, che mi è capitato di conoscere una volta, a una trasmissione televisiva – è strano, lo so, ma esiste una federazione internazionale di assaggiatori che organizza tornei in giro per il mondo, con fasi eliminatorie, finali, premiazioni, medaglie –: ebbene, secondo la signora Pozzar le torrefazioni qui sono di altissimo livello. Temperatura controllata nei singoli procedimenti di disidratazione, ossidazione e tostatura. Grande cura nella scelta del prodotto. Sapiente ricerca degli aromi. Eccetera, eccetera (non ricordo tutti i dettagli della conversazione, ricordo il fervore della signora, un fervore peraltro più che comprensibile trattandosi di una dirigente di un'azienda del settore).

Il punto però non è tanto la bontà delle miscele triestine, quanto la varietà dei modi in cui uno può ordinare un caffè in questa città, e gli equivoci che ciò crea rispetto alla terminologia standard. Sembra quasi che una scelta così ampia in fatto di gusto si ripercuota per chissà quali vie segrete sulla fantasia delle ordinazioni. Allora, ad esempio, il caffè normale, cioè quello che si ordina dicendo «un caffè», qui si chiama nero. Il che è ancora niente: basta dire «un nero» anziché «un caffè» e il gioco è fatto. Se però volete un caffè macchiato dovete chiedere «un cappuccino», perché se chiedete «un caffè macchiato» vi arriva un caffè con un bricchetto di latte freddo a parte. Mentre quello che in tutta Italia, ma ormai in tutto il mondo, si chiama cappuccino qui praticamente non esiste, se non nelle forme surrogate del caffelatte (ma senza schiuma) o del latte macchiato. In compenso ci sono il cappuccino in bicchiere (caffè macchiato in bicchieri poco più grandi di una tazzina) e il gocciato (caffè con una goccia di schiuma di latte), entrambi ovviamente, come tutte le altre varianti, declinabili in ristretto, lungo, doppio, decaffeinato, corretto. A chi viene a Trieste per la prima volta, tutto ciò trasmette l'anomalia della città meglio di qualsiasi spiegazione. Ma immagino non vi sfuggirà il valore simbolico di un tale effetto di moltiplicazione: anche nei momenti di punta, anche nei bar più affollati, il vostro caffè merita di essere personalizzato, voi avete il diritto – un diritto forse un po' bizzarro che in un'altra città del Nord nessuno oserebbe rivendicare – di farvi preparare un espresso su misura. E il barista vi asseconderà, ve lo garantisco. Griderà l'ordine all'uomo che sta alla macchina, sfoggiando una gamma di abbreviazioni composte in modi sempre più mirabolanti che ricordano, anche in fatto di precisione, il virtuosismo linguistico dei bookmaker in Borsa. Non appena lo scontrino verrà appoggiato sul banco, un nero, un cappuccino decaffeinato in bicchiere e un gocciato diventeranno un unico «nerooogocciaaadecacapoinbì!» e il tizio alla macchina saprà introiettare il messaggio mettendolo in coda a una quantità di fogliettini mentali già affastellati (le ordinazioni *in lavoro*) e continuando a trasformare, spesso con uno scarto di pochi secondi, le grida cifrate del collega in tazze fumanti.

32

Tempo fa in tv veniva trasmessa una pubblicità il cui motto principale era «il caffè è il gusto della vita». La pubblicità era brutta, ma diceva una cosa vera, non nel senso che senza caffeina le giornate ci paiono vuote e incolori, bensì nel senso che abbiamo tutti il diritto di un piacere effimero in cui credere fermamente. Sfumatura, questa, che accentua ancora una volta l'intonazione qualitativa del modo di affrontare l'esistenza da parte del triestino. Quel modo di divertirsi chiamando la stessa sostanza con quattro nomi diversi, quel modo di berla come se l'avessero raccolta, trasportata, tostata, macinata proprio per lui, quel modo di sorseggiarla lentamente, pensando – come un napoletano settentrionale, e come i protagonisti di quella piccola perla di Jim Jarmusch intitolata *Coffee & Cigarettes* – che adesso, proprio adesso, la vita sta tutta nella tazzina, e dopo si vedrà.

Lingua alta e lingua bassa, insomma. Caffè maiuscoli e caffè minuscoli. Pagine artistiche concepite nei Caffè e caffè serviti secondo altre invenzioni, altri giochi di parole. Certo, l'impressione è che l'elasticità mentale del barista abbia un nesso con la fortuna letteraria del luogo, tanto che alla fine resta una domanda: Trieste è una città di scrittori perché qui si è portati a giocare sui nomi delle cose – caffè compreso – oppure qui si gioca sui nomi delle cose perché siamo in una città di scrittori?

La Risiera di San Sabba.
Visita a un forno crematorio

Il 10 si spinge fino a un centinaio di metri dalla cicatrice. Il rione si chiama San Sabba – la solita beffarda magia dei nomi destinali. Ci sono i fumi dell'acciaieria e delle altre industrie, sullo sfondo. La muraglia cinese dei condomini. Le strutture arancioni dello stadio nuovo che arrembano il cielo. Un parcheggio dove di solito si ferma il circo, quando passa. E poi altre forme grigie di urbanità marginale, povere concrezioni di periferia che paiono concepite per mimetizzare la cicatrice. La fermata più vicina è quella dell'ipermercato Famila, con le bocche numerate per lo scarico merci dei tir e il piazzale con le macchine a spina di pesce. Appena scesi, ci si trova di fronte a un'enorme quercia, ammorbata in basso da cartacce e merde di cane, ma maestosa e libera in alto, svettante con la sua mongolfiera di foglie sugli edifici nani circostanti. A sinistra c'è la sala del bingo. A destra, la palestra Muscle Gym e il negozio di arredo bagni Idra, entrambi senza vetrine né finestre.

Hanno tentato in tutti i modi di nasconderla con altre cose di pari bruttezza, ma la cicatrice non si è fatta intimidire. Eccola lì che sporge sulla strada, coi mattoni rossi e l'apertura – splendida, insuturabile – del corridoio di cemento.

Monumentalizzare la cicatrice, è stata questa l'idea che ha reso la Risiera di San Sabba, prima ancora che scrigno sacro del dolore e della memoria, la più bella opera d'arte della città.

La Risiera era nata nel 1913 come stabilimento per la pilatura – trattavano il riso, qui dentro, prima di bruciare le persone. Con i nazisti diventò inizialmente campo di prigionia per i soldati italiani catturati dopo l'8 settembre, poi campo di detenzione e polizia (*Polizeihaftlager*) destinato allo smistamento degli ebrei deportati in Germania e in Polonia, infine vero e proprio campo di sterminio di partigiani e detenuti politici italiani, sloveni e croati.

Nel forno crematorio di San Sabba sono finiti tra i quattro e i cinquemila esseri umani. Pochi, rispetto alle capacità produttive di Auschwitz, ma abbastanza per fare di questo posto l'unico campo di sterminio in territorio italiano. I tedeschi scelsero Trieste perché sapevano di poter contare su una regione, quella della Venezia Giulia, dove meglio avevano attecchito gli ideali fascisti e le leggi razziali.

Trieste diventa una prima volta italiana nel 1918, insieme all'Istria e a un bel pezzo di entroterra. La presenza cospicua di comunità slovene e croate, la mescolanza reale, concreta di cittadini italiani e cittadini alloglotti, come diceva Mussolini, ha sempre reso difficile la determinazione di un confine naturale. Durante il Ventennio questa «confusione» ha alimentato in molti italiani una specie di slavofobia, rendendo questa parte d'Italia più fanaticamente italiana e fascista di tutte le altre. Squadre di gente zelante come la Banda Collotti si erano allenate per anni su irredentisti e partigiani sloveni ed erano quindi pronte a lavorare con solerzia nelle camere di tortura dei nazisti. Bisogna tener presente che, dopo l'invasione tedesca della Jugoslavia nell'aprile del '41, il confine italiano salì fino a comprendere Lubiana (attuale capitale della Slovenia). Bisogna tener presente che per resistere alla pesante opera di italianizzazione avviata dal governo fascista morirono migliaia e migliaia di sloveni. Lo dico non certo per giustificare a mo' di compensazione la tragedia mostruosa – sottolineo mostruosa – e però negli ultimi anni troppo bassamente strumentalizzata delle foibe titine, ma solo per spiegare come mai alla fine del '43 i nazisti non hanno avuto dubbi su quale fosse la zona più idonea per costruire il loro lager italiano. Commissionarono a un'azienda triestina un bel forno, trovarono il gerarca giusto (Lotario Globocnik, ottimo dirigente SS a Treblinka, nato a Trieste secondo un'altra simpatica coincidenza del destino), e il campo assunse in breve l'aspetto efficiente e carbonifero che il Reich si attendeva da esso.

Questo posto è di una purezza da far male agli occhi. La scelta degli architetti e dei restauratori è stata toccata come da una specie di benedizione, di incanto. Nel 1975, al momento dell'inaugurazione, Romano Boico giustificò così il suo progetto: «La Risiera semidistrutta dai nazisti in fuga era squallida come i dintorni; pensai allora che questo squallore totale potesse assurgere a simbolo e monumentalizzarsi. Mi sono proposto di togliere e restituire, più che di aggiungere». In effetti Boico ha tolto e restituito. Gli edifici in rovina sono stati eliminati, il sito è stato chiuso con un perimetro di muri di cemento alto undici metri che si prolunga in due pareti parallele distanti non più di un paio di metri, atte a diventare il terribile corridoio d'ingresso, l'anticamera grezza, scarnificata dell'orrore. È stato lasciato tutto a cielo aperto, «come una basilica laica». Nel cortile, là dove c'era il forno crematorio ora ci sono solo la sua impronta e il percorso della canna fumaria, ricalcati con lastroni di acciaio, sempre soltanto evocati dalla luminescenza del metallo. È questa assenza presente che sgomenta. Ci fosse ancora il forno non sarebbe la stessa cosa. Il suo fantasma si staglia invisibile e chiarissimo davanti ai nostri occhi con dentro tutte le persone che ha divorato. Nell'angolo del camino si leva una massiccia scultura in ferro, dalle forme astratte eppure facilmente riconducibili ai contorni del fumo, spurgo nero alitato contro lo sfondo delle recenti fortezze Iacp.

Ero un po' titubante mentre venivo qua, temevo che al mattino mi sarei trovato nel chiasso delle gite scolastiche, e invece ad aggirarci per il cortile siamo solo io e una timida scolaresca di Gemona. I ragazzi si muovono dietro la guida con le facce consapevoli, quasi eccessivamente funeree. Mi chiedo se un tale senso di responsabilità sia dovuto alla bravura dei loro insegnanti oppure provenga per qualche via insondabile dal tragico passato della loro comunità. È come se anche loro, allo stesso modo dei bambini di genitori separati, fossero cresciuti più in fretta. È come se il terremoto, le macerie, i morti del loro piccolo paese friulano avessero trovato il modo di perpetuarsi da quella lontana sera di maggio del 1976, non tanto come flagello, bensì come patrimonio genetico collettivo.

Aspetto che escano tutti dalla stanza della morte per entrarci da solo. Non ci sono finestre, la luce filtra da sotto la porta. Le scritte dei prigionieri sono state cancellate da una mano di cementino stesa senza un motivo apparente dalle truppe alleate. In questi dodici metri quadri venivano rinchiusi i condannati per direttissima, di solito partigiani catturati nei rastrellamenti e giustiziati nel giro di poche ore. Nella Risiera, a causa delle sue ridotte dimensioni, gli ambienti destinati al lavoro e al riposo erano a ridosso di quelli destinati alla tortura e alla morte, sicché la minaccia incombente della fine era una compagna se possibile ancora più inseparabile di quanto non fosse ad Auschwitz. I testimoni raccontano di un flusso pressoché costante di urla che faceva loro da colonna sonora mentre incollavano suole in quella che adesso viene chiamata la Sala delle Croci – per la splendida travatura a vista che traccia nel vuoto le separazioni originarie dei tre piani dell'edificio – e che all'epoca fungeva da calzoleria. Accanto si trova la Sala delle Diciassette Celle, uno dei pochi luoghi rimasti indenni dalla furia distruttrice dei nazisti in fuga.

I ragazzi di Gemona ascoltano la guida in silenzio, sporgono le teste verso le bocche nere delle celle badando bene a non oltrepassare il cordone del limite consentito. Nessuno si azzarda a fare ciò che a me invece è apparso irresistibile non appena sono entrato.

Due metri per due metri per un metro. La porta in legno, con una fessura che veniva aperta mezzora al giorno. Due tavolazzi che occupano tre quarti dello spazio e che di fatto costringevano i detenuti a stare sempre distesi. Scavalco il cordone, mi chiudo dentro il loculo, reagendo all'impennata del cuore con un bel respiro. Annuso l'umidità, il buio. Vinco l'istinto e mi stendo sul tavolazzo di sotto, appoggio la schiena sopra le schiene dei suppliziati. Conto fino a dieci cercando di non pensare ad altro che alla fidata successione dei numeri e poi sguscio fuori con la gioia della luce che mi scoppia nel cervello. Sulla porta della sala – solo ora me ne accorgo – c'è un custode che mi osserva. Non mi sgrida, non mi dice niente, mi guarda superarlo come se avesse capito. Io continuo a camminare, con il sole che è tornato a carezzarmi, ad abbracciarmi. Cammino oltre la sala museo, oltre i disegni di Music, oltre la comitiva di Gemona, metto un piede davanti all'altro semplicemente godendomi la consistenza di ogni appoggio e il movimento propulsore che ne deriva. Chi entrava in quelle cellette sapeva che non sarebbe partito per nessun'altra destinazione – niente Auschwitz, niente Dachau –, sapeva che lo avrebbero finito con un colpo di mazza di ferro e buttato nel fuoco. Era un sapere difficile da sostenere, eppure poteva passare anche molto tempo prima di potersene liberare. C'è gente che è rimasta per sei mesi lì dentro, con la morte seduta sul petto. Ma io non penso a niente di tutto questo, io sto solo aspettando il momento in cui supererò le strette pareti dell'uscita, raggiungerò quell'enorme quercia assediata da cartacce e merde di cane e mi siederò sul muretto ad ascoltarla.

Basovizza.
Un boschetto nel Carso

Parcheggio, scendo dalla macchina, allaccio bene le scarpette, chiudo.

Basovizza è un piccolo paese dell'altopiano carsico noto a tutti per le foibe omonime. Sui campi scoscesi che danno a est – una brughiera di sassi e cespugli che scende fino alle grandi fabbriche della zona industriale – troneggia il monumento nazionale. La lapide copre un pozzo minerario scavato ai primi del Novecento e presto abbandonato per la sua improduttività. Lì dentro, nel maggio del 1945, i soldati di Tito gettarono i corpi di circa duemila prigionieri tra militari e civili, inizialmente destinati ai campi d'internamento sloveni.

Quando parliamo della gaiezza dei triestini, della loro esuberante gioia di vivere, dobbiamo sempre ricordare la Risiera e Basovizza, dobbiamo ricordare che è gente cresciuta in un posto zeppo di rabbia, dolore e morte. Insomma, non è solo con lo spirito aperto del mare che si spiega la volontà di godersi le cose della vita, ma anche con una sottile, inconsapevole angoscia, l'insopprimibile desiderio di superare e rimuovere. Trieste è destinata a rimanere terra di passaggio, corridoio, dove i flussi continuano a transitare, a me-

41

scolarsi, a *confligere*. Anche di recente questi paesi del Carso, popolati dalla minoranza slovena, vicinissimi alla città eppure già esotici, già lontani, sono stati il filtro di transumanze disperate.

Sistemo il micropile nei pantaloncini, tiro su la lampo del collo e mi avvio al piccolo trotto verso l'inizio del percorso.

Dietro la chiesa del paese, sul lato opposto alla foiba, inizia un bosco di conifere, prima rado, poi via via più fitto, steso come una coperta sulla morbida vallata che unisce la minuscola provincia triestina alla Slovenia. Questa coltre verde-bruna rappresenta da sempre il valico meno rischioso per chi voglia entrare clandestinamente nel nostro dorato Occidente. Nel 1999, durante la guerra nel Kosovo, molti profughi scelsero Basovizza per scivolare dall'altra parte dell'Europa. Adesso la Slovenia appartiene all'Unione Europea, e il dedalo dei sentieri che si dipana nel bosco è accessibile da chiunque senza bisogno di passaporto. Fino a qualche anno fa, però, il trattato di Schengen aveva attribuito a questi confini orientali la responsabilità di difendere dagli ingressi indesiderati non solo l'Italia ma l'intera comunità dei ricchi che comincia qui e sale fino alla punta settentrionale della Norvegia e si spinge fino alle coste atlantiche del Portogallo e a quelle depressive e subacquee dell'Olanda. Il grande giardino dell'Europa – la sua erbetta inglese – dipendeva tutta dalla sicurezza di questo cancello. Ricordo le code estenuanti per andare al mare in Croazia, i controlli meticolosi, al limite dell'ostruzionismo anti-vacanza. Di notte però le cose cambiavano. I passeur arrivavano coi loro furgoncini fino ai margini del bosco, a non più di un paio di chilometri dalla sbarra della dogana slovena. Di là c'era Lipizza, con i suoi maneggi, i suoi stalloni bianchi, le scuole per cavallerizzi nostalgici degli Asburgo. Di qua c'era il bel mondo. In mezzo, niente reticolati, né muretti, solo la coperta nera del bosco. I profughi si tiravano in spalla le loro borse sformate, incassavano la testa nelle tutone riciclate, prendevano i figli per mano e cominciavano a correre. Una volta ho trascorso la notte in un bosco simile a questo – la notte di San Lorenzo, a Cherso, una vera e propria pioggia di stelle – e non vi dico quanto sa essere buio il buio. Per quanto possano adattarsi gli occhi, l'oscurità sotto gli alberi resta intatta. I profughi non avevano torce elettriche, venivano orientati verso l'Italia con due dritte e uno spintone, molti si perdevano e diventavano la prima scocciatura delle guardie del mattino.

Indugio ancora un poco, provo qualche saltello di riscaldamento tenendo d'occhio i passaggi degli altri tra le due grandi querce, il convenzionale punto di partenza dell'allenamento vero e proprio.

La cosa suggestiva di questo posto è che si sia affermato nelle abitudini dei triestini come palestra naturale per il running. Gli stessi sentieri che qualche anno fa vedevano gruppi di fuggiaschi in preda al panico ora assistono ad altre corse, ad altre fughe. A tutte le ore del giorno, ma soprattutto nelle mattine dei festivi e prefestivi – oggi è sabato – il muretto a secco che separa i prati dal piazzale del parcheggio è tutto pieno di gambe tese nella massima estensione. Uomini e donne azzimati nelle loro tutine in lycra indugiano, prima e dopo la corsa, in lunghe sedute di stretching. I percorsi interni sono ben segnati, coi numeri e le macchie di pittura sulle rocce, come nelle passeggiate di montagna. Mi chiedo spesso, quando vengo a correre da queste parti, se qualcuno dei runner abbia mai incrociato un esponente dell'altra categoria di corridori, se muovendosi veloce come un lupo in perlustrazione si sia mai imbattuto in quelle facce sconvolte e mangiate dal freddo che poi si vedono nei telegiornali.

Può sembrare una domanda sciocca ma è difficile non pensare alla sovrapposizione di due gesti così simili e così diversi nello stesso campo di azione. Fino a poco tempo fa in questo bosco vigeva davvero una specie di doppio turno. Di giorno, campo di atletica. Di notte, guado della speranza. Di giorno, uomini liberi, in fuga da niente e da nessuno, assorbivano la loro dose di ossigeno per tenersi in forma, sudavano per migliorarsi. Di notte, uomini con le scarpe da ginnastica scalcagnate si nascondevano ai fari dei poliziotti, ingannavano come potevano il fiuto dei cani lupo. Una sovrapposizione involontariamente oscena, qualcosa di simile ai boat people cubani sulle spiagge dei bronzei surfisti della Florida. Gli ultimi otto kosovari sono stati presi proprio a ridosso del muretto dello stretching. Era una notte di gennaio del 1999. Dalle villette ai margini del bosco li hanno visti andare incontro alla pattuglia dei carabinieri con il sollievo di chi ha attraversato a tentoni il freddo polare della pineta e pensa alla cattura e al campo profughi come alla fine di un brutto sogno.

Anche stamattina fa freddo, seguo a distanza un gruppetto, tre ragazzi e una ragazza. Lei si è spalmata la crema bianca da alta quota sulle labbra, loro sono troppo massicci, sembrano dei canoisti venuti a ossigenarsi, molto meno intonati all'ambiente. Comunque il ritmo è buono. Li colgo a sprazzi nelle curve, prima che gli alberi li inghiottano di nuovo. Colpi di colore, caviglie, nuche luccicanti. Quando scompaiono nelle conche profonde del terreno resta nell'aria il fiato di bestie, il battito sordo delle scarpe sugli aghi di pino, il loro sforzo mescolato al mio. Ricordo una conversazione recente con un manager di una ditta basca, sulla pista del Lingotto a Torino, lassù, sul tetto, dove un tempo collaudavano le vecchie Fiat e adesso puoi salirci a correre. «Ma perché corriamo?» ha chiesto il tizio, quasi a se stesso, mentre ci riprendevamo con le mani sulle ginocchia, la bavetta bianca appiccicata alla guancia, il Monviso che ci guardava sprezzante. «Forse scappiamo» mi è venuto spontaneo rispondere. È da tanto che pratico la corsa in questa forma, diciamo, ai limiti del fanatismo, è da tanto che ne scrivo. L'ho chiamata disperazione del benessere, l'ho chiamata arte marziale. Certo è che sui sentieri dove ci fu anche chi scappava da un nemico vero l'inanità criptoborghese di questo gesto risalta in modo particolarmente imbarazzante. A rendere il tutto ancora più beffardo c'è poi l'urbanizzazione del bosco ad opera del comune, che spiana dislivelli, stende ghiaino, mette panchine in un luogo i cui unici legittimi abitanti dovrebbero essere cervi e lupi (peraltro moderatamente presenti). All'ingresso del bosco, sulla passeggiata principale, è stato anche allestito un itinerario di attrezzi ecologici (ciocchi, sezioni di tronchi, eccetera) per chi voglia dedicarsi alla ginnastica. Indovinate come viene chiamata questa serie di postazioni? Percorso Vita. Già, Percorso Vita, non è divertente? Ci sono le foibe con i loro giacimenti umani, ci sono le presenze ectoplasmatiche dei kosovari, ci sono gli sloveni di questo e altri paesi vicini, i cui avi sapevano a memoria il discorso che Mussolini tenne a Pola nel 1920 – «Per realizzare il sogno mediterraneo bisogna che l'Adriatico sia in mani nostre, di fronte a una razza come la slava, inferiore e barbara» –, qui c'è gente che per vent'anni ha perso il diritto che aveva ancora sotto gli Asburgo di servirsi della

45

propria lingua a scuola, sui giornali, in chiesa e persino sulle lapidi dei cimiteri*. Eppure... Eppure Percorso Vita non è un brutto nome, non ci sta male. Se lo si guarda senza malizia, anche lui a sua volta smette di essere beffardo. La vita bella, comoda di chi frequenta oggi il bosco di Basovizza può essere anche una commemorazione discreta, silenziosa, puramente gestuale di chi la vita qui l'ha persa, o l'ha totalmente messa in gioco.

Questo penso, in stato di incipiente anossia, mentre un cartello nascosto tra le foglie mi dice CONFINE DI STATO 250 m, e sotto, DRZANA MEJA PO 250 m. Fatico a star dietro alla ragazza coi canoisti. Evidentemente sono molto meno improvvisati di quanto credessi. Li intravedo al galoppo in una stretta galleria di pini. Superano una macchia di sole e poi scompaiono dentro una dolina – resto stupefatto ogni volta dalla perfetta simmetria di queste conche naturali, di quanto geometrico sappia essere il Carso quando imprevedibilmente smette di essere imprevedibile. Vedendoli già ricomparire sull'altra sponda decido di rinunciare alla rimonta. Restituisco così al cuore un ritmo umano attraversando piano, pianissimo il confine, ormai solo una pennellata bianca sul bordo del sentiero.

Prima di tornare alla macchina mi aggiungo anch'io al

---

* «In seguito il ragazzo si ritrovò a essere considerato colpevole, senza sapere contro chi o che cosa avesse peccato. Non poteva capire che lo si condannasse per l'uso della lingua attraverso cui aveva imparato ad amare i genitori e cominciato a conoscere il mondo», scrive Boris Pahor nel suo *Necropoli*. Il caso Pahor meriterebbe un capitolo a parte. Nato nel 1913 a Trieste, dove vive tuttora, è il più grande scrittore vivente di lingua slovena, nonché cittadino italiano. Tradotto in tutta Europa dalle maggiori case editrici, da noi è amorevolmente pubblicato dal Consorzio culturale del Monfalconese.

muretto dello stretching. Trovo giusto uno spazio per metterci la gamba. A mezzogiorno c'è più gente qui che a prendersi l'aperitivo in piazza dell'Unità. Piegato in due – il piede a martello, le spalle parallele, la testa tra le braccia – penso al fatto che a Trieste questa è la gita fuori porta meno fuori porta che ci sia. Penso al fatto che i sentieri dentro il bosco di Basovizza, nel loro cucire l'ex confine tra mondo libero e mangiabambini, possiedono il codice cifrato per aprire il cuore della mia città.

San Giovanni.
C'era una volta un manicomio

Una volta l'autobus si fermava qua. Ti lasciava all'ingresso sud dell'ospedale. Dell'*ex* ospedale, certo, ma ancora a tutti gli effetti una cosa viva, attuale, nella sua contundente sgradevolezza. Già alla fine degli anni '70 il cancello non c'era più. Erano rimasti solo i pilastri, colonne d'Ercole del mondo dei pazzi. Ci si poteva entrare liberamente – e altrettanto liberamente si poteva uscire – eppure la sensazione era sempre quella di mettere i piedi nella malattia, di passeggiare in un parco verde come la follia che lo aveva abitato, un posto apparentemente placido e rasserenato che trasmetteva solo inquietudine. Ora non è più così.

L'ex ospedale psichiatrico, noto come Opp, si trova nel rione di San Giovanni, col tempo divenuto antonomasia di manicomio, per cui ancora adesso si può sentire qualche triestino dire San Giovanni per indicare un ben preciso stato mentale, magari picchiettandosi la tempia col polpastrello a mo' di chiarimento. Qui nel 1971 arriva Franco Basaglia, l'autore della riforma psichiatrica di sette anni dopo, l'uomo che rivoluzionerà l'approccio alle psicosi e restituirà ai malati i diritti personali e sociali, incluso quello fondamentale alla libertà. Con sé porta l'esperienza del manicomio di Gorizia e un gruppo di giovani seguaci. Beppe Dell'Acqua è uno di questi. Mi accoglie nel suo bellissimo ufficio da direttore – grandi finestre sul bosco, riquadrate in sei diverse ante con le maniglie tte d'epoca, il soffitto alto quattro metri e più, le librerie colorate, di evidente fattura artigianale –, mi stringe la mano con tutta la cordialità e la simpatia che un salernitano sa esprimere in un solo gesto e mi fa accomodare nella poltrona accanto a quella già occupata da un cucciolo di bracco addormentato.

«Che vuoi sapere che già non sai?» mi dice Dell'Acqua, conoscendo il mio passato di animatore in un centro di salute mentale di Pordenone. «Mi piacerebbe fare due passi con te qui attorno. Ti va di farmi da cicerone?» gli dico. E lui subito si alza e mi porta fuori con un braccio sulla spalla.

Il padiglione in cui si trova la direzione del dipartimento era quello degli infermi. Al posto dei loro letti di metallo ci sono comode poltrone, librerie, sculture donate da qualche artista amico o fatte dai pazienti, come nel caso delle istallazioni appese al soffitto a scopo anti-eco. Le vecchie camerate sono occupate da poche scrivanie e molte sedie sparse, come a indicare un lavoro fatto più di dialoghi e riunioni che non di carte. Gli stanzoni sono disposti ai due lati di un ampio corridoio, la vecchia corsia, ora coperta da una mistura sintetica tipo tartan, di colore blu cobalto. Dell'epoca sono rimasti gli infissi, il parquet e le enormi porte interne, praticamente delle vetrate scorrevoli su ruote di treno in miniatura. Dappertutto, lampade rosse e azzurre a vivacizzare il bianco calce (forse ancora un po' troppo «ospedale austriaco») dell'intonaco. Vicino all'ingresso c'è un poster con un bel po' di persone, tra cui Dell'Acqua stesso, imprigionate nella camicia di forza, ognuno con il proprio nome e la professione scritti sotto. I pazienti – tradendo lo spirito della foto mi è impossibile non distinguerli a una seconda occhiata – sono «apprendisti giardinieri», «attori», «addetti alle pulizie».

«Ormai, qui dentro a San Giovanni, questa è una delle ultime strutture rimaste ai servizi di salute mentale» dice Dell'Acqua facendomi strada all'aperto. «Quasi tutti gli altri padiglioni sono occupati da associazioni e istituti che non hanno niente a che fare con la psichiatria. Dipartimenti universitari, cooperative sociali, cose così. E noi siamo molto contenti. Il nostro scopo era proprio quello di ritirarci piano piano da San Giovanni e restituirlo alla città. Aprire, far entrare gli altri, ma soprattutto, prima di tutto, lo vedi qua il nostro Marco Cavallo?, uscire noi». Marco Cavallo è sotto una specie di patio, accanto all'edificio. Sarà per l'effetto della cartapesta, sarà per i riflessi del sole sulle sue curve azzurre, ma mi sembra più dinoccolato che mai.

Nel 1972 Franco Basaglia chiamò suo cugino Vittorio, celebre scultore veneziano, a gestire un laboratorio d'arte insieme al poeta Giuliano Scabia e ai degenti del manicomio. Malati, studenti dell'Accademia di Venezia e Basaglia stesso parteciparono alla realizzazione di questa scultura. Il modello di Marco Cavallo era un suo omonimo ronzino che tirava il carro della biancheria sporca in questa specie di città nella città. Era molto amato dai pazienti, con i quali condivideva l'internamento, la vita pulita e ordinata che si svolgeva dentro la cinta muraria del «grande innovativo asilo per alienati», del «magnifico frenocomio civico di Trieste» (parole di Ludovico Braidotti, già comparso nel capitolo sulla bora, progettista unico agli inizi del Novecento del comprensorio di San Giovanni). La vita di Marco non do-

51

veva essere completamente schifosa. Era ben tenuto, ben nutrito, non si annoiava, non aveva preoccupazioni se non quella di tirare il carro della biancheria. Una vita molto simile a quella degli internati, i quali venivano curati secondo i criteri rigorosi della scienza austriaca, figlia contesa di positivismo e paternalismo. Igiene, organizzazione, ergoterapia avevano senz'altro tenuto lontano i pazienti di Trieste dal degrado e dall'inciviltà di molti manicomi italiani. Eppure, paradossalmente, il fatto di non essere sottoposti a maltrattamenti risultò un ostacolo ulteriore per la loro liberazione. «'Che bisogno c'è di farli uscire?' ci chiedevano» dice Dell'Acqua. «'Stanno così bene là!' Il problema del manicomio era proprio la sua capacità di assorbire tutto nella sua macchina autarchica. Tieni presente che questo posto, secondo le grandi utopie edilizie di fine Ottocento, era completamente autosufficiente. Qui si faceva il pane, tanto per dire. Ecco, il manicomio sapeva metabolizzare ogni cosa, anche le riforme più innovative. Questa si chiama via Edoardo Weiss, capisci? Qui ha lavorato a lungo l'allievo di Freud, colui che ha fatto conoscere la psicoanalisi in Italia, voglio dire, era un posto con gente seria, pronta anche a piccoli compromessi con le nuove teorie pur di mantenere in piedi il vecchio istituto. Insomma, l'unica vera soluzione era abbatterlo». Ma intanto, prima che questo avvenisse, Marco Cavallo aprì una breccia. Nel marzo del 1973 la scultura guidò cortei di studenti, operatori, pazienti e artisti in giro per la città. Trieste dovette accorgersi dei diritti dei malati di mente e identificò anch'essa questa statua come simbolo di libertà contro la concezione asilare della psichiatria ottocentesca. Giuliano Scabia scrisse il diario di quell'esperienza e lo pubblicò tre anni dopo con il titolo, appunto, *Marco Cavallo*.

«Non è stato facile, quelli sono stati anni durissimi» dice Dell'Acqua, mentre passiamo accanto al bar degli universitari. Studenti e professori del dipartimento di Geologia sotto gli ombrelloni rossi, in pausa pranzo. «Per la gente eravamo gli psichiatri capelloni, gli psichiatri comunisti e terroni (parecchi di noi venivano dal Sud). Però la città nel suo insieme ha sempre avuto un atteggiamento, come dire, dialettico con quello che facciamo. Ha lasciato uno spiraglio aperto sin dall'inizio, anche quando la maggioranza dei cittadini ci guardava con sospetto. Adesso tutti i triestini vanno fieri dell'esperimento fatto in questa città, parlano con orgoglio di Basaglia. La nostra fortuna è stata che Trieste per sua tradizione ha grande fiducia nelle istituzioni pubbliche e, pur con mille resistenze, ha saputo aspettare fino a che i risultati l'hanno convinta».

La legge 180 del 1978, giustamente nota come legge Basaglia, ha svuotato San Giovanni. Giorno dopo giorno le famiglie dei pazienti, le comunità alloggio, i centri di salute mentale, le cooperative sociali e gli altri fili di questa rete di cura hanno saputo accogliere nel consorzio dei cosiddetti normali i cosiddetti pazzi. Ha restituito a questi ultimi il diritto alla dignità di persone. Nell'*Istituzione negata* Basaglia spiega come l'ospedale psichiatrico, attenendosi a priorità di ordine pubblico e controllo sociale, producesse malattia anziché cura. «Dal momento in cui oltrepassa il muro dell'internamento, il malato entra in una nuova dimensione di vuoto emozionale. Viene immesso cioè in uno spazio che, originariamente nato per renderlo inoffensivo e insieme curarlo, appare in pratica come un luogo costruito per il completo annientamento della sua individualità, come luogo della sua totale oggettivazione. [...] L'assenza di ogni progetto, la perdita di futuro, l'essere costantemente in balia degli altri senza la minima spinta personale, l'aver scandita la propria giornata su tempi dettati solo da esigenze organizzative, questo è lo schema istituzionalizzante su cui si articola la vita dell'asilo».

Risaliamo per il vialetto principale verso i padiglioni più a nord. Sui muri ci sono ancora le scritte rosse degli anni '70, l'IMMAGINAZIONE AL POTERE, eccetera. Nella direzione opposta scendono gruppi di ragazze con cartellette e acque minerali, credo stagiste di qualcosa. Le triestine si riconoscono a colpo d'occhio, sono già cotte dal sole. Le altre hanno le braccia e i polpacci rosa porcellino, com'è normale che sia ai primi di maggio. Anche Dell'Acqua è bello abbronzato. «*Dotòr*» lo saluta un tizio in tuta gialla e mocassini. «Buon giorno» risponde Dell'Acqua e, subito dopo averlo oltrepassato, mi dice: «Quello è uno dei quaranta ex degenti che abitano negli alloggi lassù in alto, vicino all'ingresso nord. Sono gli ultimi utenti del servizio seguiti all'interno dell'ex Opp. Considera che il dipartimento, con i suoi quattro centri dislocati nella città, assiste quattromila persone e in tutto noi siamo in duecentoquarantasei. Prima del '78 qui dentro c'erano milleduecento degenti e l'organico contava più di cinquecento operatori. Non so se mi spiego, pensa al risparmio per la sanità pubblica». Io invece penso alle serate di musica disco che venivano organizzate qui in piazzetta, ogni giovedì estivo, nei primi anni '80, proprio qui davanti alla chiesa sconsacrata, in questo piazzale abbracciato dai portici degli alloggi, dove i malati stavano a guardare con le loro coca-cole la gioventù occupante. Penso a quel brivido sciocco di venire a ballare a casa dei pazzi, a quel senso di invasione, di intrusione, che condividevamo noi tutti più o meno silenziosamente, ragazzi e ragazze *alternativi*, pronti a scroccare una serata all'aperto in una pseudodiscoteca a ingresso libero. Ce ne andavamo sempre un po' sollevati. Non era vera integrazione. Era un tentativo, erano gli anni '80.

Adesso l'aria che si respira è completamente diversa. Sembra proprio che la città si sia riappropriata del parco. Prima di salutarci, ci fermiamo a prendere un caffè al Posto delle Fragole, il locale dell'ormai storica cooperativa di San Giovanni, composta nella sua totalità da persone con un'esperienza psichiatrica o di tossicodipendenza. Mi guardo attorno. Operai che pranzano, un gruppo di ragazzi coi telefonini e i palmari sul tavolo e un altro po' di gente al banco, che tramezza in fretta. L'idea che trasmette il Posto delle Fragole è quella di uno spaccio aziendale, di un bar al pian terreno di un consultorio o di un patronato. Non c'è più traccia del fascino della follia, *finalmente*. Solo gente che mangia e beve prima di tornare al lavoro.

Io non ho mai creduto che le psicosi possano essere riconducibili a disfunzioni organiche – come fa il biologismo di stampo americano – né a cause esclusivamente sociopolitiche – come ha fatto il basaglismo di Psichiatria Democratica. Credo che la schizofrenia sia l'effetto complesso, dilazionato, di una grave lacuna della struttura psichica verificatasi nella fase dell'Edipo, credo che dipenda da quella che Lacan chiamava la fuorclusione del Padre, ma ciò non toglie che la fine della fumosa celebrazione della follia da parte di certo irrazionalismo kitsch e di tutti i luoghi comuni legati alla dissociazione come fonte di creazione artistica sia in gran parte merito, soprattutto a Trieste, del pragmatismo di

Basaglia e dei suoi seguaci. Non c'è niente di magico, niente di messianico in una crisi maniaco-depressiva. Per questo è bello che quella specie di fascino decadente sia scomparso. Così è tutto più basso, più aderente alla superficie delle cose. Ci sono persone che prendono l'autobus, fanno la spesa, vanno a lavorare, vivono da sole o insieme ad altre persone, assumono quotidianamente psicofarmaci di contenimento e ogni tanto, sì, vengono colte da una crisi acuta. Tutto qua. Incontrarle è la cosa più facile ma anche la più banale di questo mondo, basta girare per la città, basta non cercarle a San Giovanni. Loro da qui se ne sono andate. Ma anche San Giovanni se ne è andato da qui, se capite cosa intendo. L'antonomasia del manicomio è appesa a un'immagine che non c'è più. In questi padiglioni giravano un sacco di Miss Fletcher con la cuffietta inamidata, mettevano in fila, distribuivano le pillole come in *Qualcuno volò sul nido del cuculo*, assegnavano lavoretti, premiavano o mandavano in castigo. Qui dentro c'erano malati rinchiusi e infermieri come guardie carcerarie. C'erano camicie di forza, elettroshock e un perenne gelo da esercizio del potere, da manette e neurolettici travestiti da scienza medica. Ci voleva un bel po' per cancellare tutto questo, per far sparire anche l'ultima molecola di cloroformio dall'immaginario olfattivo di chi, anche dopo anni dalla chiusura dell'Opp, cominciava titubante a frequentare questo parco, prima una serata disco, poi una pomiciata sulle panchine più appartate, poi una timida occhiata agli interni delle strutture. Adesso Trieste ci è riuscita. Dell'Acqua mi saluta e se ne torna nella sua bella direzione dipartimentale: «Vieni a uno dei nostri seminari! Lo scorso inverno hanno partecipato centinaia di giovani. A dicembre lo rifacciamo di sicuro. È questo che vogliamo, offrire le testimonianze dei pazienti, degli operatori, degli ex degenti, a chi ha voglia di capire. Se no... 'Chi dunque guarirà coloro che si dicono sani?'», e si allontana con lo sguardo birichino, senza dirmi di chi è la citazione.

Io risalgo ancora verso nord, in cerca della fermata dell'autobus. Camminando lentamente mi prendo lo sfizio di una piccola digressione. Dietro non ho mai capito se una rimessa o un'officina, c'è il trompe-l'oeil di un uomo che si arrampica su una scala vera. È una parte piuttosto marginale del parco. Vetri rotti, qualche sacco di materiale edile buttato sul bordo strada, un paio di carcasse di motorino, l'aspetto malridotto di una piccola zona che non vale la pena risanare. Il muro è infestato dai rampicanti, però l'uomo, sbiadito, consumato in più punti dalla pioggia e dal sole, continua a mettere un piede dopo l'altro sui pioli della sua scala. È un disegno naïf, la scala è di metallo arrugginito, cementata al muro. Non so dove porti – c'è una botola sotto quella nicchia? dà forse sul tetto? –, immagino che qualcuno l'avrà pure usata se è stata addirittura fissata all'edificio. Mi sono sempre chiesto cosa avrà provato quello che ci è salito per davvero, a ricalcare col suo corpo vivo il corpo disegnato dell'uomo in trompe-l'oeil. Lui sarà salito, avrà fatto quello che doveva fare e poi si sarà di nuovo scollato da quell'immagine che invece incessantemente, senza alcuna speranza, come un povero Sisifo di vernice, è ancora lì che tenta la propria scalata. Che gesto assurdo e potente, penso. E poi un'illuminazione, forse quell'uomo non sta salendo, ma sta scendendo. Forse quella figura tanto simile a una marionetta non è la follia che tenta di uscire in città, ma la città che tenta di entrare in manicomio.

E la città ce l'ha fatta, è entrata. L'autobus si ferma proprio davanti agli alloggi degli ex degenti. Scende un tizio con la sigaretta spenta tra le dita, un sacchetto di nylon sgonfio sull'avambraccio, le chiavi già pronte nell'altra mano. Saliamo io e una signora in tutto simile a Olivia, chignon compreso. La linea è quella del 12. È partito dai Campi Elisi, ha attraversato tutto il centro, ha preso e scaricato gente in viale Raffaello Sanzio, in via Donatello – e io non posso non pensare a omini dipinti che salgono e scendono scale – si è fermato in piazzale Canestrini e ora risale via Weiss e ci porta verso via Bottacin e oltre le colonne dell'ingresso nord ricamando, con la naturalezza che in strada solo un autista d'autobus possiede, un ghirigoro urbano, urbanissimo, con dentro il magnifico comprensorio di San Giovanni.

Per le vie del centro,
sfogliando Svevo

Un tizio in bermuda e Birkenstock si sta facendo un auto-scatto con Italo Svevo. Lo scrittore è sobrio come ci si aspetta che sia, il cappello in mano, il completo da impiegato. Nessun piccione gliel'ha ancora fatta in testa. La statua è l'ultima novità di piazza Hortis. Incede sul posto, davanti alla Biblioteca Civica, l'aria compresa, il passo ampio di chi sta sbrigando delle commissioni urgenti. L'amministrazione sta puntando sulla cultura. Turisticamente parlando, la cultura è un prodotto che tira. Altri bronzi a grandezza naturale sono comparsi improvvisamente nell'area pedonale del centro. Un Joyce in Ponterosso, un Saba in via San Nicolò, vicino a quella che fu la sua libreria. L'amministrazione si è accorta che i turisti vengono a Trieste in cerca di *fin de siècle*, in cerca di lampioni liberty, di mostri sacri della letteratura. E glieli vuole dare. Sta sradicando pezzo dopo pezzo l'illuminazione dell'intera rete urbana per sostituirla con elaborati boccioni «in stile antico», lampade piene di inflorescenze corinzie che dovrebbero restituire la fastosa eleganza di un'epoca che fu. Nel frattempo ha già resuscitato i maestri di penna. Insomma, l'idea credo sia quella di un delizioso parco tematico.

Assecondando il gioco di questa ricostruzione storica, mi cimento con me stesso in una passeggiata sveviana. Prima della Grande Guerra Zeno Cosini scendeva sulla riviera di Sant'Andrea e andava a pescare con la barchetta in quello che era ancora il golfo dell'Impero, insieme a Carmen e Guido, ricordate? Per arrivarci da piazza Hortis basta attraversare via Torino, al cui angolo c'è il famoso Buffet de Siora Rosa, quartier generale degli studenti di Lettere in pausa pranzo, e percorrere fino in fondo via Lazzaretto Vecchio (attenzione, il monopoli letterario dice via sabiana: «C'è a Trieste una via dove mi specchio / nei lunghi giorni di chiusa tristezza / si chiama Via del Lazzaretto Vecchio»). Oggi della riviera è rimasto solo il passeggio, chiuso al mare dai binari morti del porto, disseminato di scatoloni, bottiglie e nylon incastrati negli alberi dalla bora. A dire il vero, c'è anche un piccolo Museo della Ferrovia che può farvi passare una mezzora decente a guardare locomotive dell'Ottocento, se vi piacciono ancora i macchinari giganteschi pieni di valvole o avete un figlio di cinque anni. I dintorni però non sono certo l'ideale per una passeggiata, meno che meno per uscire in barchetta a pescare. A parte la presenza notturna di bellissime rumene in minigonna e stivali, questo è uno dei tanti posti dove croati, cechi, serbi, prima di tornare oltre confine, si liberano delle confezioni dei loro acquisti, indossando cinque-sei paia di jeans uno sull'altro per superare la dogana indisturbati.

Faccio dietro front e mi concentro sui rientri pensosi di Zeno, li visualizzo come avessi un navigatore satellitare al posto del cervello. Le strade sono due. La prima tiene sulla sinistra gli stabilimenti balneari (l'Ausonia, «una mole poderosa nereggiante sui suoi pali», e la Lanterna, di cui par-

60

leremo in seguito), poi costeggia la Marina, le cosiddette Rive, passa in rassegna sul lato mare: le macerie della Piscina Bianchi in demolizione, esempio rarissimo di vasca di 33,33 metri; lo scheletro della Pescheria Centrale, con le sue arcate possenti e l'interno svuotato in vista di una riqualificazione come spazio culturale; l'Acquario – da cui, quand'ero piccolo, usciva il pinguino Marchetto per il suo bagno nella fontana di piazza dell'Unità e poi rientrava indisturbato, da vera mascotte cittadina –; infine la Stazione Marittima. Da lì questa prima strada portava Zeno dritto al Tergesteo, ma io preferisco fermarmi un attimo spalle al mare, ad ammirare la fulgida, razionale bellezza di piazza dell'Unità. Non esiste in Europa, ma forse neppure nel mondo intero, una piazza così vasta e perfetta direttamente affacciata sul mare. Di sera vengono accesi i faretti azzurri infilati a scomparsa nella pavimentazione nuova e la piazza sembra galleggiare nel suo biancore ieratico sul formicolio di onde di luce. Basta socchiudere un po' gli occhi e il mare entra nella piazza, si fonde alla campitura *pointelliste* dei faretti, portando un'idea di Venezia a lambire i portici del municipio triestino.

Un'altra tentazione che mi distrae dal percorso sveviano è il Molo Audace. L'errore che commettono in molti è farsi ingannare dall'apparente insulsaggine di questo pezzo di cemento proteso in acqua come il ponte di una corazzata* e fermarsi prima di averne raggiunto la punta. Il bello del Molo Audace consiste in ciò che ci si lascia alle spalle, in quel modo strano di allontanarsi perpendicolari al fronte della città. Mi siedo su una delle ultime bitte, accarezzo con

* Audace fu la prima nave della marina italiana che attraccò alla Trieste «redenta» nel 1918.

entrambe le mani la ghisa satura del calore della giornata, guardo verso la terra ferma. La schiera dei palazzi neoclassici mi si para davanti agli occhi. Fin superba, nella sua aristocratica naturalezza. È una veduta dalla prospettiva quasi impossibile. Trieste vista da fuori, dal largo, vista da una nave di cemento. La cartolina tiene dentro per un pelo, a destra, la facciata zuccherosa e un po' nizzarda dell'Hotel Excelsior, a sinistra, il grattacielo in mattoni rossi di Arduino Berlam (autore, tra l'altro, anche del Faro e della Sinagoga). Resta fuori la Sala Tripcovich, un'ex rimessa di autobus trasformata – si credeva provvisoriamente – in sala concerti durante la ristrutturazione del Teatro Verdi di qualche anno fa e poi sopravvissuta come alternativa più o meno stabile al cartellone di lirica ufficiale. Sull'angolo superiore di destra della facciata dell'ex rimessa c'è un sipario rosso dipinto in trompe-l'oeil (un altro trompe-l'oeil) che mette in cattiva luce un posto in realtà serissimo e per palati piuttosto raffinati. Nel corso della giornata sugli scalini dell'ingresso si avvicendano due umanità parallele, non comunicanti: al pomeriggio acquirenti mitteleuropei, stracarichi di borse, aspettano seduti che arrivi il pullman per riportarli chi a Lubiana, chi a Zagabria, chi addirittura in Boemia, dopo un doppio turno di shopping (accanto all'ex rimessa è rimasta la stazione delle corriere); alla sera la vecchia borghesia triestina, vagamente screziata da qualche studente melomane, attende fumando che lo spettacolo inizi. È una sovrapposizione che non si nota se non appostandosi per un paio d'ore, ma sono sicuro che ne verrebbe un bel servizio fotografico, un'illustrazione istruttiva sulla polifunzionalità dei luoghi, del tutto casuale nella vita della città.

Ma torniamo un po' indietro. Questa era la prima strada

che Zeno avrebbe preso per rientrare dalle sue escursioni in barchetta. La seconda, quella da lui più amata, corre parallela al mare, protetta e «offuscata da vecchie case alte, poco frequentata dopo il tramonto». Si tratta di Cavana e di quella che già al tempo si chiamava *cità vecia*. Da qui un intrico di vicoli sale verso la sommità di San Giusto. È in uno di questi budelli del ventre triestino, via SS. Martiri, che l'Alfonso di *Una vita* rincorre una bella sconosciuta e poi, stravolto dall'imbarazzo e dal fiatone, non riesce a dirle niente. Fino a qualche anno fa si poteva ancora girare per vie coreograficamente degradate – la solita attrazione adolescenziale per il fatiscente, avete in mente, no? – ci si passeggiava la notte illuminati a stento dal rosa di qualche lampada non ancora presa a sassate, appesa in mezzo alle case dirocate. Nessuno si sarebbe stupito se da quei ruderi così praghesi fosse saltato fuori il Golem. Adesso i palazzi di Cavana non sono più quasi macerie, sono stati ristrutturati. Alcune delle vie in cui Zeno vagava sono ancora sbarrate con palizzate bianche e rosse di lavori in corso, le altre sono state rimesse a nuovo, per la gioia di chi ci vive e il disappunto snob di chi veniva qui a respirare un po' di sana, vecchia depravazione (in epoche remote Cavana stava per postaccio di prostitute e marinai più o meno come San Giovanni stava per casa dei pazzi). Le facciate in spatolato a tinte pastello, i negozi con gli stucchi e i faretti da gelateria fanno pensare a una confezione forse troppo artefatta, un po' salisburghese, ma spesso è l'effetto inevitabile delle cose nuove.

Passeggiando per queste strade graziose a quasi ottant'anni dalla sua morte, anche Italo Svevo, il triestino di origine ebraica che ha mantenuto la nazionalità austriaca fino al 1918 corrispondendo per la sua ditta in inglese e in francese, anche lui dovrebbe ammettere che l'eterogeneità di Trieste segue oggi una declinazione più prossima all'eclettismo kitsch della provincia occidentale che non alla nobile multietnicità della tradizione mitteleuropea – e certo, l'idea di farne una specie di parco tematico, imbellettato e gonfio di stereotipi, non giova ai tratti genuini di questa moderna Sissi col piercing. Ma intanto il nostro mentore si è allontanato ad ampie falcate dall'epicentro turistico di *città vecia*, o almeno così immagino io, proiettando mentalmente davanti ai miei passi le traiettorie zigzaganti del suo incedere in mezzo alla gente.

Vi ricordate l'erta del Belvedere? Quella in cui Zeno, vedendo il cognato disteso spavaldamente sul muricciolo, è tentato di dargli una spintarella? Adesso l'erta è una scala, inglobata in un complesso di condomini degli anni '70. Davanti c'è il muro della stazione. Fine del belvedere.

Vi ricordate la scena in cui Zeno, «immerso nell'erba giovine della campagna», scende tutto arzillo la collina di Servola per incontrare Carla? Adesso Servola è un alveare di casette con giardino, bucato da parte a parte dalla superstrada diretta in Slovenia. Sull'orizzonte, al posto del mare, ci sono i fumi dell'acciaieria – siamo a un passo dalla Risiera di San Sabba – e il fiammone draghesco dell'altoforno.

E il Giardino Pubblico, il fuoco sentimentale della visione sveviana, ve lo ricordate? Là dove i quattro personaggi di *Senilità* si incontrano per la prima volta, dove Zeno aspetta Carla segnando col bastone sul ghiaino la data del suo ultimo tradimento. Bene, «quel verde tanto puro in mezzo al grigio delle strade» adesso ha i sentierini asfaltati. Ci sono le altalene a molla, i fortini gonfiabili con gli scivoli e i pavimenti gommosi dei playground moderni. A renderlo austero ci provano i busti degli scrittori, glassati dal guano dei piccioni, immortalati con le guance un po' cadenti della loro maturità artistica. Non so se Svevo amasse il cinema, ma qui una delle cose più carine da fare è venirci la sera d'estate per le proiezioni all'aperto. Senza badare alla programmazione. Sedersi sulle sedie di legno con una coppa all'amarena, guardare il film che danno finché non annoia, e poi restare con la testa rovesciata a contemplare le stelle tra le fronde sontuose dei platani. Il Giardino Pubblico è ancora un posto signorile, ma doveva esserlo molto di più se è vero che una notte di qualche anno fa un teatrante squattrinato ha rubato un cigno per farselo cucinare da un suo amico oste (notizia del «Piccolo», autorità assoluta in fatto di cronaca cittadina). Insomma, chissà la confusione del nostro povero Svevo se davvero riuscisse a staccare le sue gambe di bronzo dal basamento di piazza Hortis e riprendesse a girare per la città.

Forse questa passeggiata, ormai sempre più saltabeccante, dovrebbe concludersi in Carso. Sì, ancora il Carso. Nonostante le gallerie della nuova autostrada, nonostante la recinzione e l'urbanizzazione dei boschi, l'altopiano carsico è rimasto com'era. Svevo ne riconoscerebbe l'asprezza e insieme l'intatta complicità. Gli basterebbe guidare per le sue «amate strade suburbane», salire verso Opicina, inerpicarsi per i tornanti che portano a Conconello. Ad ogni curva il guardrail s'interrompe magicamente e lascia intravedere un varco angusto nella vegetazione del bordo strada. Lì, in quei gusci fatti di cespugli, s'infrattavano Emilio e Angiolina. Lì, con la macchina di papà, i ragazzi s'infrattano ancora.

Piazza Oberdan,
due innamorati

La voce di Carducci declama roboante sulla targa di Guglielmo Oberdan: «Morto santamente per l'Italia, terrore e ammonimento rimprovero ai tiranni di fuori, ai vigliacchi di dentro». A Oberdan è stata dedicata una delle piazze più belle di Trieste, ariosa, rotonda, protetta alle spalle dai portici che salgono verso il Palazzo di Giustizia, offerta sul davanti alle vie di maggior scorrimento. Al centro della piazza però non c'è un monumento del giovane irredentista, bensì il bronzo intitolato *Cantico dei cantici*, opera di Marcello Mascherini.

Recentemente la giunta comunale, di decisa ispirazione nazionalista, aveva pensato di sostituire la scultura di Mascherini con quella realizzata negli anni '30 da Attilio Selva, scultore di regime e autore del monumento ai *Caduti di San Giusto*, collocata da sempre nei pressi della Casa del Combattente, a pochi passi dalla piazza. Ne era nata una disputa pubblica. Gli oppositori della giunta criticavano la retorica e l'ampollosità dell'Oberdan di Selva, ma soprattutto lo spirito con il quale veniva richiesta la sostituzione; i sostenitori della giunta mettevano in discussione la pertinenza tematica dell'opera di Mascherini – perché un *Cantico dei cantici*?

Guglielmo Oberdan torna a casa il 16 settembre del 1882, in occasione dei festeggiamenti per il quinto centenario della «dedizione» di Trieste all'Austria e della visita in pompa magna di Francesco Giuseppe alla «sua» città di mare. Ha ventiquattro anni. Da quattro studia al politecnico di Roma ed è uno dei giovani più attivi del movimento irredentistico. In saccoccia nasconde due belle bombe per l'imperatore. Né loro né lui, però, arrivano a destinazione. Una spia fa arrestare Oberdan alla stazione e il 20 dicembre la storia di questo ragazzo – eroe per noi, kamikaze per gli austriaci – si conclude sul patibolo della Caserma Grande.

Dalla sua storia però ne sboccia un'altra, ancora più bella, che forse i nazionalisti della giunta non conoscono e che invece Marcello Mascherini doveva avere in mente – o almeno a me piace pensare così – quando decise di realizzare le figure esili di quei due innamorati e il loro struggente abbraccio al centro della piazza.

Pino Robusti ha ventidue anni quando, la mattina del 19 marzo del 1945, sta aspettando la fidanzata sul lato esposto al sole di piazza Oberdan. È il primo sole di primavera. I profili degli alberi sono sbalzati nella trasparenza dell'aria in un modo che fa venir voglia di saltare, di ballare. Chissà, magari Pino sta fischiettando. Dal tram lì di fronte – il celebre tram di Opicina – scende un sacco di gente, ma Laura non c'è ancora. Intanto sfila lenta una pattuglia della polizia tedesca, nota un giovane sfaccendato in piazza e, senza una particolare convinzione, assecondando l'automatismo di certi processi mentali, si ferma a perquisirlo. Nel portafogli gli trovano la tessera dell'Organizzazione Todt, un'agenzia governativa tedesca per il lavoro coatto nei paesi occupati. Perché non sei al lavoro, ragazzo? Oggi avevo turno di riposo, sono uno studente, studio architettura a Venezia. Ah sì? Be', sali con noi, che verifichiamo. Pino Robusti non è un partigiano quando viene arrestato. Lo diventa in quei venti giorni di detenzione alla Risiera, prima di finire nel forno crematorio. Le sue lettere clandestine ai genitori e alla fidanzata sono tra le testimonianze più preziose sulle condizioni di vita dei prigionieri al lager di San Sabba. Per una serie di equivoci viene rinchiuso con i detenuti «politici» e presto si stringe a loro, condividendone lo spirito e gli ideali antifascisti. Il giorno di Pasqua insieme ai trentadue compagni viene portato in chiesa. Dopo, in cortile, davanti alla faccia attonita del maresciallo SS, canterà con loro l'inno partigiano. Nella sua giacca, rinvenuta dalla madre tra i vestiti dei prigionieri eliminati, ci sono tre fogli di bloc-notes datati 5 aprile 1945.

Laura mia,

[...] da due giorni partono a decine uomini e donne per ignota destinazione. Può anche essere la mia ora. In tale eventualità io trovo il dovere di lasciarti come mio unico ricordo queste righe.

Tu sai, Laura mia, se m'è stato doloroso il distaccarmi, sia pure forzatamente, da te. [...] Se quanto temo dovrà accadere sarò una delle centinaia di migliaia di vittime che con sommaria giustizia in un campo e nell'altro sono state mietute. Per voi sarà cosa tremenda, per la massa sarà il nulla, un'unità in più ad una cifra seguita da molti zeri. Ormai l'umanità s'è abituata a vivere nel sangue.

Io credo che tutto ciò che tra noi v'è stato non sia altro che normale e conseguente alla nostra età, e son certo che con me non avrai imparato nulla che possa nuocerti né dal lato morale né da quello fisico.

Ti raccomando perciò, come mio ultimo desiderio, che tu non voglia, o per debolezza o per dolore, sbandarti e uscire da quella via che con tanto amore, cura e passione ti ho modestamente insegnato.

Mi pare strano, mentre ti scrivo, che tra poche ore una scarica potrebbe stendermi per sempre, mi sento calmo, direi quasi sereno, solo l'animo mi duole di non aver potuto cogliere degnamente, come avrei voluto, il fiore della tua giovinezza, l'unico e il più ambito premio di questa mia esistenza.

Credimi, Laura mia, anche se io non dovessi esserci più, ti seguirò sempre. [...]

Ora, con te sono stato in dovere di mandarti un ultimo saluto, ma con i miei me ne manca l'animo, quello che dovrei dire loro è troppo atroce perché io possa trovare la forza di dare loro un dolore di tale misura.

Comprenderanno, è l'unica cosa che io spero.

Comprenderanno.

Addio, Laura adorata, io vado verso l'ignoto, la gloria o l'oblio, sii forte, onesta, generosa, inflessibile. Laura santa.

Il mio ultimo bacio a te che comprende tutti gli affetti miei, la famiglia, la casa, la patria, i figli.

Addio, Pino

Ecco, io mi immagino che Marcello Mascherini conoscesse bene questa storia e queste parole prima che Mimmo Franzinelli le raccogliesse nel suo *Ultime lettere di condannati a morte e di deportati della Resistenza*. Io le ho scoperte in quello splendido libro, ma mi piace immaginare che Mascherini le conoscesse già così bene da trarne ispirazione per il suo *Cantico dei cantici*. Se penso alla frase «son certo che con me non avrai imparato nulla che possa nuocerti né dal lato morale né da quello fisico», vedo tutta la delicatezza, il tatto, la precoce maturità di un ventenne che a un passo dalla morte sospinge la propria ragazza verso una nuova vita, una nuova possibilità, la solleva dalla contrizione, fino a rassicurarla a nome del futuro marito per la mancata illibatezza. Vedo l'amore perfetto di Laura e Pino, i loro baci, l'incontro che non c'è stato sul marciapiede assolato di piazza Oberdan. Vedo ciò che deve aver visto Mascherini, ne sono sicuro, e mi chiedo se non sia giusto che i due amanti se ne restino abbracciati lì in mezzo alle panchine, al posto del loro coetaneo Guglielmo*.

---

* Se vi è piaciuto il bronzo di Mascherini, ve ne consiglio un altro. Si trova nel Museo Revoltella e s'intitola *L'estate* (una ragazza che invoca a gran voce qualcuno e ricorda moltissimo la purezza di *Fanciulla piena d'amore* di Arturo Martini). Il Revoltella annovera un'ottima collezione di arte del Novecento, ma *L'estate* da solo vale ampiamente il biglietto. Senza considerare che dalla terrazza della caffetteria potrete sentirvi per un attimo re del mondo.

San Giacomo.
Le «bobe», le «babe», i «taliàni»

A proposito di nazionalismi, irredentismi, campanilismi, e di quanto sia complessa questa faccenda a Trieste, forse può venirmi in aiuto un aneddoto. Da un paio d'anni ho preso casa a San Giacomo. San Giacomo è il rione più bello della città ma difficilmente qualcuno vi ci porterà: non ci sono musei, monumenti importanti, non c'è il mare, non c'è neanche il boschetto di San Luigi. Ovviamente potete venirci da soli, prendendo l'1, oppure seguendo i gabbiani che risalgono dalle Rive come guide satellitari sparate in mezzo ai condomini – fa impressione sentire quel szzz delle ali quando sfiorano le corde del bucato – però, vi avverto, a San Giacomo nessuno parla italiano. Ed ecco l'aneddoto.

In una delle perlustrazioni del mio nuovo quartiere mi spingo di un bel pezzo più su, lungo via dell'Istria, e mi imbatto in un'enoteca. Incuriosito e anche un po' rammaricato della presenza di un locale così slow-food, così alla moda, in mezzo a un rione ad altissima concentrazione di vecchie osterie, decido di entrare. Dentro vengo subito rincuorato: ai tavoli le solite *bobe* (ragazzacci invecchiati), al banco due *babe* (signore chiacchierone, ma anche donne per antonomasia) che danno tregua alla lingua solo per sorseggiare il

73

loro spritz o prendere un cubetto di mortadella dal piattino dell'aperitivo. Ci sarà pure la parete di pietra a vista e qualche bottiglia preziosa sugli scaffali, ma questa è un'enoteca solo di nome, per fortuna. Mentre ordino anch'io uno spritz e qualche stuzzichino – è quasi l'ora di pranzo – entrano due bestioni in tuta Telecom. L'oste fa loro le feste, gli offre da bere, partono risate tonanti e grandi cazzotti sulle braccia. Ora, non è importante cosa si dicono durante l'incontro. È importante che, nonostante sia evidente dall'accento che l'oste è meridionale, la conversazione si svolga in triestino, e ancora più importante è che, quando uno dei due Telecom prova a pagare il conto, l'oste lo apostrofi con la seguente battuta: «Va', va' via, *taliàn*!», facendo sganasciare tutto il locale.

Cosimo – si chiama così l'oste – ci ha fatto ridere perché in quel momento, nella sua enoteca, era l'unico *taliàn*. Calabrese di Vibo Valenzia, per quindici anni ha lavorato come operaio a Torino, poi nel '75 i cosiddetti casi della vita lo hanno portato a Trieste dove si è giocato la liquidazione della fabbrica per aprire questo posto. La parola *taliàn* ha anche una valenza simpatica, benché prevalentemente spregiativa (come *boba*, come *baba*), e Cosimo la sa usare nel suo triestino quasi perfetto con irresistibile autoironia.

Al contrario di quanto si potrebbe pensare, *taliàn* non significa *terrone*, se non in forma derivata. *Taliàni* sono tutti gli abitanti della penisola che non sono triestini, tutti coloro che per comunicare si affidano all'idioma nazionale o che, nello sforzo pur lodevole di esprimersi in triestino, tradiscono un accento allogeno. I *taliàni* sono gli altri, quelli che stanno di là, oltre la costiera. Anche i friulani sono *taliàni*, anzi forse nella psicologia triestina i friulani – i *furlani* – sono più *taliàni* di molti abitanti del bel paese di latitudini più basse. Insisto su questo concetto perché è piuttosto illuminante per la questione nazionale, e soprattutto la rischiara da un diverso punto luce. Per decenni l'italianità è stato il valore con il quale la destra si è garantita i consensi della maggioranza della città, instillando nella gente un bisogno di identità – come se i triestini, d'identità, fossero mai stati privi – con il quale giustificare una precisa vocazione antislava (non solo del Movimento Sociale). Il fatto è che anche i più italiani di noi, i più genealogicamente e culturalmente italiani, percepiscono la triestinità come una differenza distintiva, essenziale, come ciò che fa essere *taliàni* gli altri. E questo, lungi dall'essere il sintomo di un morbo autonomista – che ha avuto anch'esso in passato i suoi sfoghi e le sue eruzioni –, è la prova di una mentalità già dotata in sé di tutti gli anticorpi per ogni forma di nazionalismo, ma che talvolta non ha saputo farli reagire. Per essere più chiaro, i triestini ai mondiali fanno il tifo per gli azzurri e si commuovono quando sentono la fanfara dei bersaglieri, ma sanno, magari in modo inconscio, che la loro storia è molto più complessa di quello che dice la loro carta d'identità. Sanno che basta andare indietro di tre-quattro generazioni per scoprirsi greci, austriaci, sloveni, croati, ungheresi. Sanno che questa città è stata teresiana, napoleonica, austroungarica, fascista, per un attimo anche titina, e poi, per un bel po', americana. Sanno che l'elenco telefonico è tutto pieno di Bevilacqua che si chiamavano Vodopivec, di Giannelli che si chiamavano Janesich, di Fabbretto che si chiamavano Covacich, e che essere italiani a Trieste significa anche non dimenticare tutto questo. Ma senza la retorica con cui le mie frasi lo stanno dicendo, piuttosto con un *taliàn* buttato lì per

75

caso, che proprio per la sua triviale faciloneria è tanto poco antitaliano quanto poco è filoslavo (spesso, anzi, il difetto di quelli che usano la parola *taliàn* è che usano anche la ben più pesante *s'ciavo*).

Certo, sono parole non belle, politicamente scorrette, ma se Cosimo riesce ad appropriarsi dell'insulto *taliàn* in quel suo modo vertiginosamente paradossale, allora il frullato si è compiuto, i singoli pezzi hanno perso consistenza, si sono spappolati e fusi in un'unica purea. Ecco, in posti come San Giacomo hai l'impressione che Trieste sia già ben oltre il melting pot – sembra davvero un frullato! Ora, per coloro che non temono di non sentirsi abbastanza figli del tricolore, il frullato ha un gusto piacevole e direi unico, nel senso di inconfondibilmente altro, sempre *altro*. Per coloro, invece, che temono questa alterità come sintomo di scarsa devozione alla patria, il frullato è insulso, dannoso e soprattutto poco presentabile sulle buone tavole (le tv, i giornali, il parlamento). Per questi ultimi il lavoro è titanico. Per quanti sforzi facciano a sventolar bandiere e diffondere l'inno di Mameli, il frullato monta da solo e dilaga dappertutto. Non occorre venire a San Giacomo, basta restare in borgo Teresiano, girare per le vie di Ponterosso, quelle che fino a quindici anni fa erano le vie degli spacci, dei magazzini di jeans di scarsa qualità, merce indirizzata alla clientela slava. Ora che molti commercianti triestini della zona si sono ritirati – dopo essersi costruiti le villone spaziali in cui ritirarsi – quei negozi sono stati rilevati dai cinesi.

Camminando per via Trento, via Milano, via Machiavelli, saltano all'occhio, nella fuga prospettica dei rettifili, lunghe teorie di lanterne rosse. Anche la clientela è diventata più varia: accanto ai consumatori d'oltreconfine si sono aggiunti i pensionati locali. Ebbene, quali lingue hanno appreso questi nuovi negozianti? Lo sloveno e il triestino, naturalmente. Mia madre, che si è appena comprata una camicia di cotone (cinque euro), dice che se gli parli in italiano non ti capiscono. Lo stesso sul lungomare di Barcola, dove, quando mi capita di portarci qualche amica *taliàna* e questa si intrattiene con un venditore africano per una forcina o una bandana, devo mettermi a tradurre, perché il ragazzo è venuto dal Senegal dritto a Trieste e l'italiano non lo conosce. E adesso non vi faccio le imitazioni del negoziante cinese che dice a mia madre: «*Signora, che taia la gà? Alora la se provi 'sta picia*», oppure del ragazzo senegalese che dice alla mia amica: «*Me dispiasi, non se pol far sconto*», non ve le faccio perché sarebbe folclore, paternalistico folclore. No, piuttosto vi faccio una confessione: io ho imparato l'italiano a scuola, né più né meno di una lingua straniera, come quasi tutti i miei compagni di classe. Ma se considerate che anche Italo Svevo, uno dei più grandi romanzieri europei, bancario che comunicava correntemente in tedesco, inglese e francese, ha studiato la nostra lingua sui libri, capite che si tratta di un fenomeno larghissimo, che travalica questioni di tipo sociale (sempre ancora in triestino, il suo amico Joyce si divertiva a raccontargli le barzellette).

Ovviamente, nei rari casi in cui il dialetto si trasforma in un dialettismo a oltranza, espressione di una presunta peculiarità di ordine superiore, classicamente campanilistica, il triestino diventa ridicolo come chi lo parla. Ma se il dialetto è la lingua media del frullato e si connota da subito come esperanto della più «altra» delle città italiane, allora parlarlo rende paradossalmente ancora più cosmopoliti. È il tocco understatement di un luogo che per necessità storiche si trova più a suo agio in abiti ufficiosi che ufficiali.

Due docenti triestini che si incontrino nei corridoi universitari difficilmente comunicheranno in italiano, anche se uno insegna Letteratura italiana e l'altro Critica dantesca. Una volta in un seminario di filosofia – quindici studenti e due professori, tutti tranne me foresti – è entrata una professoressa a informarci di non so quale procedura amministrativa urgente e, dopo essersi consultata con i due colleghi, ha chiesto: «*Taco un tacomaco in bacheca?*», ottenendo un'ovazione generale per quella che ai più era parsa una specie di formula magica o una filastrocca in qualche lingua caraibica (si trattava di un'antropologa). «Attacco un avviso in bacheca?» non avrebbe mai significato la stessa cosa. Nella versione originale c'era tutta la tentazione irriverente e antiburocratica della studiosa, la sua stanchezza spirituale non ancora priva di spirito. Ecco, semmai quella professoressa dicesse *taliàn* a qualcuno, sono sicuro che lo farebbe come Cosimo, dando alla parola l'intonazione spiritosa che la invera.

Già, Cosimo. Questa digressione linguistica mi ha portato lontano dalla sua enoteca. Oggi non si chiama più così, è diventata «Buffet Al Canton». Probabilmente qualcuno lo avrà fatto ragionare, magari i suoi amici della Telecom. Adesso è più intonata all'ambiente. San Giacomo è un po' un incrocio di Pigalle e Montmartre, diciamo di Pigalle senza peep-show e di Montmartre senza ritrattisti, ma l'atmosfera delle vie è la stessa. C'è ad esempio, come da nessun'altra parte della città – né da nessuna parte d'Italia, da quanto vedo –, una caparbia resistenza, tra gli uomini, della coda di cavallo stile anni '80. Forse per la vicinanza al porto, forse per un'atavica stravaganza, il quartiere ha la più al-

78

ta densità di cinquantenni e sessantenni freak che abbia mai visto. Ma soprattutto, per la sua stupefacente sovrabbondanza di servizi ed esercizi commerciali, San Giacomo potrebbe cedere alla tentazione dell'autarchia. Se uno si limita ai quattro lati della piazza principale, conta: sei bar, una salumeria, una gelateria, una merceria, una panetteria, una cartoleria, una profumeria, una farmacia, un vetraio, un fabbro, un'agenzia di viaggi, un'autoscuola, una pescheria, tre negozi di abbigliamento, tre punti vendita dei tre principali gestori di telefonia mobile, una creperia, una pizzeria, una trattoria, un ottico, un ambulatorio medico, uno dentistico, una latteria, una macelleria, una banca, due giornalai, un centro Acli, un arredo bagni, una rivendita specializzata in acconciature e parrucche (credo mirata sulla suddetta passione sangiacomina per i capelli) e, in mezzo alla piazza, le bancarelle dell'ortofrutta, quelle dei fiori, e la chiesa. Insomma, qui la piccola distribuzione regna ancora sovrana e te ne accorgi – non so quale sia la causa e quale l'effetto – anche dal diverso formicolare della gente. Sono tutti più vispi, con sacchetti più piccoli e uno sguardo rapinoso, in continua ricognizione. Anche i gatti a San Giacomo sono meno sonnacchiosi. Devono stare all'erta, cogliere il più tempestivamente possibile l'arrivo delle gattare. Basta mancare l'appuntamento di pochi minuti e le frattaglie finiscono nel becco dei gabbiani. Io faccio il tifo per i felini, avendo una particolare avversione per i volatili, però devo ammettere che quando incrocio la coppia di gabbiani reali che abita sul cassonetto sotto casa mia – la stazza aliena, da tacchini palestrati, lo sguardo spiritato e quelle penne bianche e grigie, azzimatissime – penso che siano loro i meglio intonati all'atmosfera freak dell'ambiente.

Da Barcola all'Ausonia,
in costume da bagno

Ora è venuto il momento di mettersi il costume, Barcola ci aspetta. Il 6 e il 36 viaggiano con buona frequenza e vi faranno risparmiare il calvario della ricerca parcheggio – a meno che non siate mattinieri, particolarmente mattinieri, nel qual caso farete ancora in tempo a trovare un buco lungo gli oleandri che costeggiano la spiaggia. Be', spiaggia, diciamo passeggiata, visto che quello di Trieste è un mare di scoglio e al posto dell'arenile c'è una striscia di cemento lunga tre chilometri e larga non più di una decina di metri, dove la gente prende il sole stesa sui lettini portati da casa o passeggia proprio come se si trattasse di una battigia. L'accesso al mare è consentito da scalette di metallo poste a un centinaio di metri una dall'altra, ma in molti preferiscono scendere sulla fila di scogli che sta appena più sotto la piattaforma di cemento e tuffarsi direttamente da lì. La siepe di oleandri è stata piantata qualche anno fa a mo' di séparé, dopo che si erano verificati numerosi tamponamenti la cui unica causa era la distrazione. I bagnanti – e le bagnanti – si godono la loro tintarella a un passo dalla strada, e questa è forse la prima caratteristica che salta agli occhi di chi viene da fuori: un ampio marciapiede in pavé usato come solarium. L'impressione è molto meno sgradevole di come possa sembrare a raccontarla. Ci sono i chioschi bar, le docce, i wc, le fontanelle, e l'acqua è così limpida che saresti disposto a stendere l'asciugamano sul tetto della macchina pur di poterti fare un bagno.

Ma Barcola non è solo una meta estiva. Adesso noi la passeremo in rassegna pezzo a pezzo, però dovete tenere presente che i triestini vanno al mare tutto l'anno. Ci vanno a fare merenda, a leggere un libro sugli scogli, a fare due chiacchiere con gli amici. Ci vanno per lasciarsi, per mettersi insieme. Ci vanno imbacuccati, con la sciarpa tirata su fino agli occhi, a guardare come diventano nere le onde d'inverno. Ci vanno a portare il cane, a pescare, a correre, a pattinare. Ci vanno ai primi tepori di marzo, cercando qualche riparo sotto vento per scoprirsi subito, per togliersi almeno la maglietta e rimboccarsi i jeans in cerca del battesimo del sole. Ci vanno agli ultimi tepori di ottobre, nelle ore più calde, a immagazzinare come pannelli umani scorte di energia solare in vista dei lunghi mesi freddi. Ci vanno anche senza andarci, perché il mare a Trieste è un lato della stanza, ti alzi al mattino e sai dov'è, stai dove stai e sai che c'è. Questo solo per dire che qui il mare viene percepito diversamente che da una normale stazione balneare, e aggiungerei anche diversamente dalle altre grandi città costiere. Napoli, Palermo, Genova hanno un mare meno prossimo, meno accessibile: appena fuori, si incontrano splendide località litoranee, ma c'è meno confidenza tra la vita quotidiana della gente e la vita quotidiana del mare. A Trieste invece si fa il bagno in centro città (vedremo poi gli stabilimenti Lanterna e Ausonia) e, comunque, in qualsiasi punto del lungomare ti trovi, puoi accostare, scendere, spogliarti in strada – i Topolini, vedremo, sono l'unica struttura dotata di spogliatoi –, fare dieci passi e toccare l'acqua. Questa frequentazione familiare e più che assidua spiega l'uso dell'espressione triestina «*andar al bagno*» per intendere «andare al mare» (e non «andare alla toilette»), come se Barcola fosse la vasca di casa, quella che si raggiunge scalzi o tutt'al più in ciabatte.

Percorreremo il lungomare di Barcola dalla periferia verso il centro. Cominceremo dal Bivio di Miramare. Prima del Bivio, venendo dall'autostrada e uscendo a Sistiana, si affrontano i dieci chilometri della strada costiera, una specie di cengia naturale che corre a precipizio sul golfo. Lì sotto, spesso indicati con insegne quasi invisibili, ci sono diversi bagni, alcuni a pagamento come le Ginestre o Riviera, altri di libero accesso come i Filtri, Canovella, Tenda Rossa, Costa dei Barbari. Sono tutti splendidi, immersi nel verde, con piccole spiagge di sassolini schiacciate contro la parete di roccia, ma comportano inevitabilmente un'altra idea, meno facile, del bagno: sono più lontani dalla città, di solito ci si va più attrezzati (materassino, ombrellone, eccetera), l'uscita assomiglia di più alla classica gita al mare. Per questo la nostra rassegna salterà le pur belle strutture della Costiera. Perché, quanto all'«andar al bagno», Barcola corrisponde meglio alla concezione disinvolta – easy-going – dei triestini. Ci arrivi in ciabatte, ti spogli dove capita e ti butti in acqua.

Quindi, il Bivio.

Situato nel tratto dove la passeggiata in pavé si conclude per lasciare il posto allo stretto marciapiede che porta al castello, il Bivio è frequentato da giovani tra i venti e i trentacinque anni, in genere universitari (studenti, dottorandi, borsisti), giramondo del vicino ostello e single che confidano nei promettenti vivai delle prime due categorie. È il posto dove si vedono i corpi più scolpiti. Abbronzatura e palestra qui dettano legge, ma se sapete infischiarvi del confronto passerete un bel paio d'ore. Al Bivio tutti nuotano bene, molti arrivano in bicicletta, quasi nessuno fuma. È un pezzettino di Malibu incollato sul litorale adriatico ed esprime bene l'incrocio della più recente mania del fitness con l'antica passione dei triestini per il benessere fisico e lo sport. L'edonismo qui è qualcosa di molto più interiore e sentito, non è l'effetto di una moda postmoderna. Da quando erano bambini questi ragazzi sono stati educati al culto del sole, del mare, della bora. I genitori hanno coltivato in loro l'idea di una vita all'aria aperta, dove natura, piacere fisico e salute mentale sono connessi da un legame inscindibile. È normale che siano belli.

Via via che ci si allontana dal Bivio la tipologia cambia. Fino alla Marinella si tratta di gente più anziana – pensionati, crocchi di *babe* con i lettini in semicerchio, qualche coppia in cerca di pace – poi, fino al California, torna la gioventù, in prevalenza adolescenti, quindici-venti per compagnia, accampati coi loro stereo, gli zaini pieni di gingilli, gli asciugamani accostati in un'unica zattera di spugna, i caschi come trofei di caccia, la solita amica indisposta abbandonata sotto l'albero con il diario o un fumetto. Ho sempre trovato struggente questa ostinazione delle ragazzine a venire al mare anche nei giorni del ciclo. Starebbero molto meglio a casa, a riposare, anche considerando che qui sono comunque costrette a una specie di quarantena – niente bagni, niente sudate sotto il sole, un po' d'ombra e se va bene un'amica che ti fa compagnia –, eppure l'istinto del gruppo è più forte, ti costringe ad esserci anche se hai mal di testa. La ragazzina, l'unica con i pantaloncini, distesa a pancia in giù lontano dai suoi amici ma non così lontano da non poterli sentire mentre giocano in acqua, è secondo me un'altra immagine dell'amore per la vita che caratterizza i triestini.

Subito dopo il California si attraversa una zona mista: ci sono diversi chioschi, il porticciolo turistico, un noleggio di pedalò, un ritrovo di pescatori, un piccolo solarium frequentato da vecchi hippy. Si tratta di uno dei pochissimi tratti senza una fisionomia precisa, ma tutto ridiventa omogeneo già con i primi Topolini.

I Topolini sono un complesso comunale di dieci ampie terrazze, sotto le quali si sviluppano gli spogliatoi e lo stabilimento vero e proprio. Sulle terrazze si prende il sole, sotto ci si spoglia e ci si tuffa – dico non a caso ci si tuffa, visto che le scalette, qui ricavate nel cemento con comode rampe da dieci scalini, non vengono usate quasi da nessuno. La struttura è frequentata, soprattutto nella prima parte, dalle tribù più scatenate di ragazzini. È sempre stato così. Anche ai miei tempi i Topolini erano il bagno di compagnie provenienti dai rioni popolari, quattordicenni pasoliniani, come tanti ninetti davoli pieni di grazia e fame di vita. Io ero uno di loro.

Ai Topolini una cosa che mi diverte molto è guardare i ragazzini che si tuffano. Alle volte ci vengo apposta. Mi appoggio sulla ringhiera della terrazza e resto a osservarli per ore. Trovo stupefacente che facciano esattamente gli stessi tipi di tuffi che facevamo io e i miei amici. Voglio dire, questi ragazzini vengono al mare solo qui, e qui non c'è, né c'è mai stato, qualcuno più grande che insegnasse loro a fare una *clanfa*. Non basta che tuo fratello maggiore ti mostri sul letto come devi tenere le braccia, non basta che ti dica che devi aprirti tutto in aria e poi chiuderti sul pelo dell'acqua, tu hai bisogno di un maestro di clanfe qui, sul molo. Però, qui sul molo, ci sono solo ragazzini. Ebbene, come si tramandano i tuffi? Secondo quali misteriosi percorsi didattici io e questi tipetti abbiamo appreso, a più di venticinque anni di distanza, la stessa *forma* della *clanfa*? Cerco di ricostruire, in una specie di personale archeologia del tuffo, quando è stato l'inizio preciso delle mie clanfe, cerco di rivedere il momento – ci sarà stato per forza – in cui mi sono trovato sul molo insieme ad altri ragazzini ed ero l'unico a non sapersi tuffare a *clanfa*, il momento dell'umiliazione che precede l'apprendimento. Cerco, ma non trovo niente, mi pare di essermi sempre saputo tuffare. Comincio a credere che i frequentatori dei Topolini vengano spinti qui da un impulso interiore, una forza occulta, che sa riconoscerli come tuffatori. Forse c'è nel patrimonio genetico di questi ragazzi un codice dei tuffi che fin dalla nascita li mette nelle condizioni di saper eseguire una *clanfa*. A me pare che ci sia davvero qualcosa di magico in un simile gesto, trasmesso sempre uguale di generazione in generazione, senza che siano mai distinguibili i maestri e gli apprendisti. Da chi hanno imparato questi ragazzini – continuo a chiedermi – se ai Topolini ci vengono da secoli solo loro? Potrei immaginarli miei coetanei, miei padri, miei nonni, foglie dello stesso sempreverde, penso. Intanto uno, secco secco, i capelli gocciolanti, i boxer scesi sotto il taglio del culo, prende tre passi di rincorsa lentissimi e si slancia verso l'alto. In aria si apre a mo' di pipistrello e scende verso l'acqua perfettamente parallelo alla superficie. È come se stesse davvero galleggiando nel vuoto: le mani dietro la nuca, le gambe tirate indietro con le ginocchia piegate, e la faccia, be', la faccia nella classica imitazione di Snoopy in estasi. Agli occhi di un profano, questo ragazzino sta per prendersi una sonora panciata, per cui ancora di più risalta la sua espressione buddista – la pantomima dell'ingenuo-sul-punto-di-farsi-male è parte essenziale del tuffo. A un centimetro dall'acqua il ragazzino si chiude nella forma di un ferro di cavallo, cioè appunto di una *clanfa*, provocando il canonico tonfo, tipo bomba di profondità, e un geyger alto in cielo. Gli altri aspettano che risalga per dirgli quanto ha schizzato, poi tocca a uno se possibile ancora più smilzo che si cimenta in una «bomba americana».

Ecco, ad esempio, la faccenda della bomba americana. Nessuno sa perché la bomba normale si esegua con entrambe le gambe raccolte nelle braccia, mentre quella americana richieda una gamba ben tesa. Nessuno sa perché l'unica variante della bomba sia americana. Ma soprattutto nessuno sa perché, eseguendo tutti esclusivamente bombe americane e mancando quindi la ragione di un distinguo, ci si ostini a non chiamarle semplicemente bombe. Eppure il ragazzino smilzo ha appena annunciato a mezza bocca che farà «un'americana» e sta effettuando – ecco il piede con la punta abbassata, ecco la schiena curva sulla gamba raccolta – un'ottima bomba americana, identica a quelle che facevamo io e i miei amici. Quanto ho schizzato?, chiede ancora sulle scalette. Potrebbero andare avanti così per l'intero pomeriggio – interrompendosi ogni tanto solo per andare a requisire qualche ragazzina dall'asciugamano e scaraventarla in acqua – avanti così, a dichiarare il tuffo, a eseguirlo, a chiedere quanto ho schizzato. Ricordo perfettamente la strana ebbrezza che si crea, il piacere di ripetersi per il gusto di farlo, perdendosi in una spirale vertiginosa, fatta del rumore del tonfo sott'acqua, di quello più fosco del sangue nelle orecchie, del gesto degli altri rivissuto infinitamente nel proprio.

Se i primi Topolini sono pieni di questi ragazzi-bambini con le labbra blu e i polpastrelli avvizziti, gli ultimi Topolini invece hanno decisamente un altro genere di bagnanti. Tra l'ottavo e il nono – si conta sempre venendo da Miramare – c'è anche una spiaggia di sassolini, affollata da mocciosi con secchiello e paletta. Questa è una zona di giovani coppie con prole, recentemente preferita da un numero sempre crescente di serbi, forse perché l'acqua bassa si concilia con la non grande dimestichezza di questo popolo con il mare e il nuoto in generale. La loro comunità si è consolidata in città soprattutto negli ultimi anni. Quasi tutte le imprese di edilizia si avvalgono di operai serbi. Verso le sei, le sette di sera, arrivano con le loro poche cose. Le donne tengono i bambini per mano. Gli uomini hanno ancora i calcinacci tra i capelli, camminano gonfiando i braccioli per i piccoli. Qui, in mezzo alla tonica bellezza delle mammine triestine, hanno messo su un bel gruppo di habitué. Tendono a stare vicini, ridono, scherzano, mostrano la stessa gioia che dovevamo avere noi italiani nei primi anni '60. C'è chi si è dimenticato il costume e tra le risate degli amici si cala in acqua con le mutande facendo la faccia dell'uomo invisibile. C'è chi ha preso gli arretrati e offre un giro di birre al chiosco. Hanno intorno i trent'anni ma sono almeno dieci anni più vecchi dei nostri trentenni. Impossibile non guardare con invidia i loro brutti denti, la loro felicità.

Anche i miei genitori erano felici quando andavano in Pineta. Subito dopo i Topolini c'è il Cedas – due piccole spiagge di sassolini, il classico donne, vecchi e bambini – e subito dopo il Cedas c'è la Pineta. È il solo tratto di Barcola dove la passeggiata si allarga diventando una specie di piccolo parco, largo massimo duecento metri, lungo intorno ai seicento, abitato da una colonia di pini marittimi nani, talmente amati dai frequentatori che non mi stupirei se qualcuno li chiamasse per nome. Anche perché la Pineta è l'unico posto in cui si possa trovare un buon riparo dal sole e, ovviamente, ognuno degli habitué ha il *proprio* albero.

I miei si piazzavano all'altezza della seconda fontanella. Si comportavano come i pionieri di un insediamento umano: sotto gli alberi, il canotto rovesciato per la nanna di mia sorella e un lettino per il pisolo postprandiale di mio padre; poco più avanti, il tavolino da picnic, le sedie, la borsa frigo e i vari altri contenitori del cospicuo vettovagliamento preparato da mia madre; appena fuori dall'ombra, sul margine tra l'ultima fila di pini e gli scogli, il lettino di mia madre con il libro, la radio, i filtri solari e la pila di riviste; sulla strada tra la postazione in ombra e quella al sole, i miei giochi sparsi, racchette, pinne, retina per i pesci, eccetera. Erano gli anni '70. Gli anni del Going, quell'affare ovale di plastica arancione che ci si tirava allargando con forza le braccia. Gli anni del Clic-clac, le due palline di legno da sbattere su e giù velocemente come per fare le uova – e sentivi le palline degli altri che schioccavano nella profondità della pineta, quasi richiami di uccelli tropicali, e gli urli di chi si era colpito un polso. Erano gli anni degli occhiali a raggi x, reclamizzati su «Intrepido» e «Monello» con l'idea vincente di farti guardare sotto i vestiti delle ragazze, gli anni in cui era ancora meravigliosamente possibile credere a simili fesserie.

Noi venivamo in Pineta di domenica, insieme ad altre due famiglie di amici, i Maccan e i Del Vecchio, alle quali poi si aggregavano altre famiglie ancora, formando un vero e proprio accampamento pieno di bambini e dotato di ogni ben di Dio. Io giocavo con Sergio, Marina, Ada e tanti altri. Mia sorella Sara era molto più piccola e cercava di starci dietro come poteva. Facevamo un sacco di casino, però, non so come dire, sapevamo stare al nostro posto. Erano gli adulti i protagonisti della vita – non come adesso –; noi, il nostro casino, lo facevamo sempre ai margini della scena. Mangiavamo sul tavolino più piccolo, litigavamo, ci picchiavamo, ridevamo, sempre tra di noi. Dai nostri genitori avevamo tutte le coccole del mondo, ma nessuno si sarebbe sognato di andare a disturbarli mentre giocavano a carte o chiacchieravano. Nessuno si sarebbe sognato di svegliare il papà – magari saltandogli sulla pancia, come ho visto fare di recente – per chiedergli di giocare. Non perché il papà fosse cattivo, semplicemente perché il papà decideva lui quando giocare e al momento dormiva, punto. Era così che diventava una vera festa la discesa in massa alla spiaggia. Erano gli adulti ad avere l'orologio, erano loro a stabilire i tempi, frignare non serviva a niente. I padri si caricavano di canotti, pinne e neonati. Le madri seguivano dietro con i figli più grandi, approfittando della breve passeggiata – il bagno lo facevamo nel vicino Cedas – per chiacchierare ancora e farsi l'ultima sigaretta prima della nuotata (negli anni '70 fumavano tutti). Questa transumanza si ripeteva quattro volte al giorno: a metà mattina, poco prima del pranzo, dopo il pisolo del pomeriggio, poco prima della cena.

Erano loro i serbi, all'epoca. I miei, gli amici dei miei, i figli che hanno fatto. Però a Trieste, a differenza di molte altre città, la dote di sapersi godere ciò che la vita ti regala, di saper stare sul tuo bravo seggiolino da picnic a mangiarti l'insalata di riso mentre il sole tramonta, questa dote è rimasta pressoché intatta. Passeggiare per la Pineta oggi, alle otto di sera del 7 luglio 2005, significa zigzagare tra gli stessi accampamenti, in mezzo alle stesse famiglie – uomini e donne che si passano piatti e oliere da un tavolo all'altro ancora col brividino dell'ultimo bagno addosso, vecchi che si mangiano l'anguria seduti sulla panchina, in costume, davanti al sole che muore. Questa gente non sarà mai tra quelli che aspettano seduti sulle bitte dei moli di Porto Rotondo per vedere chi scende dal panfilo. Questa gente non invidia nessuno. Il sole, il mare, la pineta sono proprietà privata di ognuno di loro.

Per «andar al bagno» a Barcola basta poter disporre di un paio d'ore. Ma c'è anche chi, pur avendo meno tempo, non intende rinunciare a quello che d'estate a Trieste è un rito quotidiano non troppo dissimile da un'abluzione nel Gange. E allora la soluzione, anzi le soluzioni sono la Lanterna e l'Ausonia.

Sul Molo dei Fratelli Bandiera, in pieno centro, si trova quello che molti servizi giornalistici hanno definito l'ultimo muro d'Europa. La Lanterna è uno stabilimento comunale che dalla sua inaugurazione, risalente al 1890, ha mantenuto una parete separatoria tra il settore degli uomini e quello delle donne. All'ingresso, tutto in bianco calce come gli spogliatoi e il resto della struttura, i bagnanti pagano un biglietto di un euro e si dividono: gli uomini a destra, le donne a sinistra. I bambini possono stare nel settore contrario al proprio sesso fino al raggiungimento del dodicesimo anno di età. Fino a non molto tempo fa la misura del pudore era espressa in centimetri. Un metro e venti era il limite oltre il quale i maschietti non potevano più stare in compagnia delle madri né le femminucce coi padri. Ieri come oggi, però, i frequentatori della Lanterna sono tutto fuorché gente bigotta. Trovi professioniste, casalinghe, gruppi di signore dedite alla scala quaranta, baby-sitter in servizio e molte, moltissime commesse in pausa pranzo. Trovi pensionati, impiegati della city, ragazzi delle palestre vicine. Non c'è una fanatica adesione ai principi della tradizione, c'è il piacere un po' distratto, o meglio, non del tutto consapevole, di rispettare le stranezze di una vecchia istituzione, il piacere di arrivare in macchina con la moglie, lasciarla alle sue amiche così da potersi dedicare in santa pace alle chiacchiere tra uomini e magari ritrovarla più tardi, al largo, dall'altra parte delle boe (il muro si interrompe in acqua a una ventina di metri dalla riva).

Anche la Lanterna è un po' Sissi col piercing, un'asburgica bizzarramente casual, signorilmente pop. Non a caso, in dialetto viene chiamata *el Pedocin*, a indicare il luogo dove la povera gente un tempo andava a spidocchiarsi.

La spiaggia di sassolini del Pedocin e i suoi disgraziati bagnanti intenti a concedersi un po' di requie dai parassiti venivano osservati dalle adiacenti terrazze panoramiche del Bagno Ausonia, i cui frequentatori, soprattutto in passato, appartenevano all'ambiente coeso della buona borghesia cittadina. L'attuale aspetto del bagno è simile a quello di una piattaforma petrolifera attaccata alla terra ferma da una lunga passerella di cemento ed è il risultato della fusione di due stabilimenti: il più fine e antico Bagno Militare Sant'Andrea, destinato poi a usi civili con la denominazione di Stabilimento Balneare Savoia, e la struttura massiccia del primo Bagno Ausonia. I due bagni vennero collegati attraverso una serie di pontili nel 1936, tre anni dopo l'inaugurazione del primo Ausonia, e assunsero la forma unitaria e, date le premesse, stranamente compatta che hanno tuttora anche grazie a un'intelligente ristrutturazione degli anni '50. Arrivando dalla Riva Traiana fa sempre un certo effetto scorgere all'orizzonte, oltre lo sbarramento visivo dei tir in coda – siamo a uno sputo dallo scalo merci del porto –, il corpo di questa gigantesca palafitta, metà in legno e metà in pietra, sospeso sui suoi sottili piloni di cemento armato. Anche all'interno il colpo d'occhio è molto suggestivo, soprattutto sul lato est (quello del primo Ausonia) dove le linee eleganti e un po' imperiali dell'architettura littoria si sovrappongono allo sfondo delle gru gialle del porto e le bocche spalancate dei traghetti piene di container. Il bagno è dotato di un solarium molto frequentato e di una piscina, che sarebbe più giusto definire vasca natatoria trattandosi di un rettangolo di mare ampio cinquanta metri per venticinque, ritagliato con tanto di gradinate e blocchi di partenza tra i piloni delle palafitte. Un grande buco squadrato, col fondo buio, tappezzato delle stesse alghe brune di questa parte di golfo. Fino a pochi anni fa la piscina era dotata di un trampolino da tre metri e due piattaforme – una da cinque e una da dieci – il tutto secondo i canoni delle prove olimpioniche di tuffi. E qui, dopo quella dei Topolini, s'impone la seconda digressione sull'argomento.

Era l'estate dell'81, un pomeriggio leggermente ventoso, con il cielo trasparente e il mare color prugna, avevo da poco compiuto sedici anni e stavo per rischiare la vita. Di lì a un paio di mesi mi sarei schiantato in vespa, rompendomi tre costole e trasformando la spalla sinistra in un arabesco di escoriazioni, ma avrei rischiato meno, oggettivamente meno, di quel pomeriggio all'Ausonia. Eravamo in tre, neanche poi tanto amici. Sulle gradinate ci osservava, ostentando noia, un gruppo di ragazzine. Non importa quante fossero e quanto fossero carine, non importa se potessero essere realisticamente alla nostra portata: erano femmine di uomo, una nebulosa proustiana di *jeunes filles en fleurs*, e già questo alterava del tutto i nostri comportamenti. Dopo i primi tuffi di testa dai cinque metri, il più bravo dei miei due compari propose di salire alla piattaforma da dieci e l'altro e io fummo costretti ad accettare. Ecco tre pavoni che fanno la ruota a dieci metri dal livello del mare. Le ragazze, da sotto, si erano messe la mano sulla fronte a mo' di visiera e ora ci guardavano più seriamente. Il tonfo che fa un corpo cadendo in mare da quell'altezza si guadagna l'attenzione a prescindere dalla qualità della sua entrata in acqua. L'anno prima mi ero già tuffato un paio di volte da lassù ma mai di testa. L'idea di scendere coi piedi verso l'alto contro quella superficie così scura e lontana mi dava il voltastomaco. Il più bravo aveva eseguito un discreto carpiato e stava scrollandosi i capelli sulle ragazze, che strillavano nel loro solito modo isterico. Io e l'altro inghiottivamo saliva in silenzio sul bordo del precipizio cercando di non abbassare lo sguardo su quei puntini microscopici seduti in salvo laggiù, sulle sdraio e le gradinate. A quel punto mi venne l'idea della disperazione.

«Perché non ci buttiamo dal solarium?» gli dissi. Intanto il più bravo era risalito. «Be', allora, che aspettate?» disse raggiante. «Vuole buttarsi dal solarium» disse l'altro, che vedeva complicarsi la situazione di minuto in minuto. «Embè, che ci vuole?» disse il più bravo. «Ma non si può! È vietato!» disse l'altro, che laggiù, sul livello del mare, era solito impennare la vespa tra le macchine in parcheggio e fare una notevole quantità di altre cose vietate. «L'ha già fatto un sacco di gente. Basta sbrigarsi e non ci dice niente nessuno» disse il più bravo, guardandomi.

Il solarium dava sul mare aperto, era protetto da una ringhiera verde che noi avremmo dovuto scavalcare per poi gettarci nel vuoto da un'altezza di almeno dodici metri. Io speravo che il mio bluff servisse a mandare a monte la sfida, a farci uscire tutti a testa alta, invece stavamo già salendo le scale del terrazzone più alto del bagno, seguiti dalle ragazze – due almeno parecchio carine, vedevo ora – che il più bravo era riuscito a invitare e che ridevano nei loro bikini pieni di fiori, già maledettamente adulte e consapevoli del loro potere.

Scavalcare una ringhiera di un metro e dieci è una sciocchezza, farlo con il baratro davanti, e sapendo che in quel baratro ci dovrai finire, è un gesto piuttosto difficile. Il più bravo lo fece. Poi si mise in punta di piedi – il cornicione era profondo meno di dieci centimetri –, si resse con le mani dietro la schiena per qualche secondo, prese un bel respiro e saltò incontro al cielo. Vidi le braccia aperte a volo d'angelo, l'estensione, il piegamento, sentii l'entrata in acqua come fosse la mia, talmente rumorosa da spingermi a un passo dal vomito. Le ragazze fecero i loro urletti quando la testa del più bravo tornò a sbocciare in mezzo alla schiuma. L'altro mi guardò, era un po' più alto e soprattutto più bello di me. Senza pensarci un attimo approfittò della mia esitazione, scavalcò e si tuffò quasi in un unico movimento. L'attimo prima era tra me e le ragazze a fissare incredulo la schiuma del più bravo, l'attimo dopo era in mezzo a quella stessa schiuma, di nuovo incredulo ma per un'altra ragione stavolta, salutato dalle fanciulle proustiane con quei vezzi irresistibili che i maschi vedono riprodotti nelle mani delle donne nei secoli dei secoli.

A quel punto potevo ancora ritirarmi, le ragazze manco le conoscevo, i ragazzi erano due compari di passaggio, amici stagionali. Avrei perso la faccia con persone destinate a scomparire nel lasso di qualche pomeriggio. Avrei perso la faccia ammettendo di avere troppa paura – di fatto senza perderla, perché riconoscere i limiti del proprio coraggio non scalfisce la tua dignità, anzi – ma quella era un'ammissione da grandi e io, all'epoca, ero ancora lontano anni luce dall'esserlo.

Portai con enorme fatica la prima gamba al di là dell'ostacolo. Mentre mi trovavo a cavallo della ringhiera pensai alla sventura di perdere l'equilibrio precipitando come un suicida e, ovviamente, per un attimo persi l'equilibrio. «Attento!» disse la ragazza più vicina a me. Aveva gli incisivi troppo grandi, due-tre brufoli spremuti di fresco, mi sorrise dolcemente. Io trovai la forza di scendere da cavallo, girarmi di centottanta gradi e mostrare il petto alla lucida lavagna color prugna in mezzo alla quale si scorgevano appena i ceffi rosa dei miei due sfidanti. Da lì tornare indietro è impossibile. La ringhiera è una barriera psicologica, è come una porta che si chiude alle tue spalle, non puoi più uscire da quella parte. Se fai l'errore di scavalcarla ti viene concesso solo un altro errore, buttarti. Cioè, intendiamoci, basterebbe dire «No, non ce la faccio», teoricamente è ancora una via di fuga, ma in realtà solo pochissimi sono così bravi da praticarla. Quindi, tocca proprio al secondo e ultimo errore.

Stetti aggrappato al ferro dietro di me per un tempo lunghissimo, senza che né i ragazzi laggiù né le ragazze accanto a me osassero dirmi una parola. Poi anche quel tempo finì e le mie povere mani, contro la loro volontà, abbandonarono la presa. Mi buttai cercando la linea più breve verso l'acqua. Sapevo tuffarmi, sapevo che per tuffarsi da così in alto la parabola doveva essere ampia e che scendere in picchiata in quel modo era la cosa più sbagliata che potessi fare, ma sapere significa poco, pochissimo, quando hai paura, e io volevo che la paura finisse il prima possibile. Impiegai un'eternità per fare quei dodici metri a testa in giù. Aspettavo l'impatto duro con la superficie dell'acqua come una liberazione, il colpo alla tempia dopo la tortura. Intanto il mio corpo subiva la rotazione inerziale che ogni tuffo malfatto produce, e le *mie* gambe si piegavano sempre più all'indietro, e le punte dei *miei* piedi quasi toccavano la *mia* nuca, e le *mie* vertebre disegnavano un arco estremo, finale, e io sentivo che quella era tutta roba *mia* che scendeva insieme a me senza che io potessi più prendermene cura, senza che potessi evitarle di rompersi dolorosamente e in modo forse irreparabile al contatto con l'acqua.

Entrai di faccia, la testa fuori dalle braccia, le cosce e la schiena schiantate di piatto con la detonazione secca di uno sparo, un rumore forte anche sotto la superficie del mare. Non ero morto. I ragazzi pensavano di sì, invece ero ancora vivo. Stavo risalendo verso la luce con un terribile dolore alla spina dorsale, ben maggiore dello schiaffo sulle cosce, ma a portarmi su erano le mie gambe, e io ero con loro. «Cazzo» disse il più bravo quando mi vide comparire sulle scalette. «Porca puttana» disse l'altro. Erano così spaventati che non riuscirono neanche a prendermi in giro. La ragazza coi brufoli scese a vedere se mi serviva qualcosa, le altre si tolsero semplicemente dalla balaustra e tornarono ai loro asciugamani. È sempre istruttivo osservare come un evento gigantesco, determinante nel flusso della tua vita, possa spesso risultare del tutto insignificante nella vita degli altri. Da fuori dovevano aver visto un ragazzino riccioluto tuffarsi in modo ridicolo dalla terrazza del solarium. Un piccolo diversivo per qualche risata, niente più. Anche i miei da fuori notarono solo che camminavo come se avessi ingoiato una scopa e che per qualche giorno trascorsi i pomeriggi disteso a letto. Da fuori, un ortopedico avrebbe parlato di colpo di frusta. È così che funziona la vita, vista da fuori. Io però, quel giorno all'Ausonia, mi ero visto da dentro.

Villa Revoltella

Ci sono anche quelli che non possono andare al mare, o che più semplicemente lo detestano. Io, ad esempio, che ho appena pontificato di tuffi e nuotate, ho trascorso un'intera estate senza fare un solo bagno, e ho scoperto un bel po' di gente pallida, in camicia a maniche lunghe, che si guardava dal sole come dalla peggiore delle insidie. Ebbene la città ha pensato anche a loro. C'è, sulla collina del Cacciatore, una specie di chalet di montagna circondato da un ampio parco di conifere in cui già dopo i primi passi vorresti indossare una giacca tirolese o saper parlare il ladino. Si chiama Villa Revoltella, dal signore omonimo che la fece costruire e che poi, morto celibe, la donò alla città come quasi tutti i suoi beni.

Pasquale Revoltella fu il primo grande imprenditore triestino del Diciannovesimo secolo. Fece i soldi commerciando in legnami. Fu tra i primi azionisti delle Assicurazioni Generali, membro del primo consiglio di amministrazione del Lloyd Austriaco e soprattutto vicepresidente della Compagnia universale del Canale di Suez (opera inaugurata nel novembre del 1869, due mesi dopo la sua morte). Nominato barone, Revoltella dedicò un edificio monumentale all'arciduca fratello dell'imperatore (il Ferdinandeo, appunto), e giusto di fronte si fece costruire questa residenza estiva, bizzarramente alpina. Voglio dire, l'altro palazzo di Revoltella, situato in centro – ora Galleria d'Arte Moderna, ristrutturato in modo magistrale da Carlo Scarpa –, è intonato a quelli circostanti della metà dell'Ottocento. Questo invece potrebbe starsene in un paesino del Sud Tirolo, o forse meglio nell'Engadina (a guardarlo con più attenzione, lo chalet è tipicamente svizzero), il che, oltre a far sorridere, dà subito un po' di frescura. Ci sono la cappella privata, la casa del cappellano, l'oratorio, l'alloggio del portiere, tutti luoghi che sembrano concepiti da Edgar Allan Poe in uno dei suoi periodi più inquieti. Davanti alla cappella c'è una fontanella con tartarughine e carpe da mezzo quintale che lasciano sempre stupefatti i bambini. Poi però, via via che ci si inoltra nel parco, l'atmosfera si fa meno misteriosa. Sul lato sud-est, sfruttando un terrazzamento naturale, è stato costruito un playground splendidamente affacciato sul mare di Muggia. Da lì si risale verso il cuore fresco della villa, pieno di alberi di alto fusto, fontanelle, camminamenti in terra rossa.

Il parco è curato in modo quasi maniacale. Ogni mattina i giardinieri scrivono la data con dei fiorellini su uno spiazzo circondato da siepi di bosso che sembrano disegnate col goniometro. Nello slargo principale c'è una grotta artificiale dove si dice che fosse rinchiuso un orso bruno, ma che fin da piccolo ho trovato disabitata come ora, nonché priva del benché minimo granello di polvere. Panchine nuove sono state aggiunte un po' dappertutto con grande generosità alle vecchie, restaurate. Su una di queste, precisamente su quella più esposta alla luce ma ancora in ombra dove adesso un signore bianco latte sta facendo un cruciverba, io e mia madre abbiamo trascorso tutti i pomeriggi dell'estate del 1987. Lei sferruzzando un maglione dello stesso colore dei pini – indumento che ho indossato ancora lo scorso inverno – io leggendo la *Recherche* di Proust.

Mio padre era morto a febbraio, a maggio mia madre aveva subito un intervento chirurgico piuttosto serio. Io avevo rinunciato alla stagione di bagnino. Mia sorella lavorava per contribuire a pagare le mie tasse universitarie. Eppure. Eppure quei mesi ci hanno resi più forti – «Il dolore pietrifica la soglia» scrive Georg Trakl – ed è proprio uscendo da quella crisalide che credo di essere diventato adulto.

Ogni mattina mi alzavo alle otto, facevo colazione e cominciavo a leggere. All'una preparavo il pranzo per me e mia madre, mangiavo insieme a lei e poi continuavo a leggere. Verso le quattro salivamo sulla collina del Cacciatore. Mia madre si appendeva al mio braccio fino alla panchina, dopodiché tirava fuori dalla borsa i ferri e il volume di turno (la *Recherche* ne ha sette). Lei partiva subito a sferruzzare, io mi adagiavo sul suo ticchettio come su un tappeto e riprendevo la lettura. Così da giugno a settembre, tremilacinquecento pagine di massaggi alla mente, una specie di parentesi oppiacea, un periodo di aspettativa zen richiesto alla vita.

Ci sono degli snodi della storia di Marcel che mia madre ricorda meglio di me. Ogni sera ripassavo gli appunti e le raccontavo un altro pezzo di romanzo. Leggendo mi concentravo sulle reviviscenze del passato puro, sulla memoria involontaria e gli altri bergsonismi di Proust – a ottobre mi aspettava l'esame di estetica –, a mia madre invece davo la polpa, le vicende nude e crude, con tanto di tresche, agnizioni e tradimenti incrociati. Forse è per questa ragione che lei conosce, nome per nome, tutti i membri del «piccolo clan» Verdurin e io no, dev'essere per questo che lei sa ricostruire precisamente l'albero genealogico dei Guermantes e io no, è per questo che io posso tentare di commentare a malapena le metafore floreali dei rapporti omosessuali di Charlus in *Sodoma* (vol. IV) mentre lei, del barone, si ricorda ogni minimo capriccio. A suo dire, è lì che ho cominciato a scrivere – studiando, vivendo la morte di mio padre, raccontando il romanzo di un altro. Io non so cosa pensare. Di certo, quei pomeriggi in Villa Revoltella sono l'unica influenza proustiana che sono in grado di riconoscere nella mia scrittura. Un'influenza empirica e non formale, fatta di un figlio «che si coricava presto la sera» innamorato della propria madre.

Il tizio dei cruciverba si è alzato dalla panchina e ora sta salendo le scale che portano al giardino un po' scintoista delle *Quattro stagioni*. L'istinto sarebbe quello di sedersi al suo posto, di toccare di nuovo le assi, i rivetti arrugginiti. Madeleine, penso. Pavé sconnesso, matinée dai Guermantes, penso. Reviviscenze... Ma per fortuna una coppia di vecchi mi anticipa con inaspettata destrezza. Il tempo di aprire i cuscinetti da stadio e sono già intenti a sfogliare ognuno il proprio bollettino dell'hard discount. Gli sono grato di questo piccolo sopruso. La memoria è una bestia ingorda, almeno per ora mi pare di averla accontentata abbastanza.

Little Istria

Nonna Giovanna abita in questo piccolo appartamento di via Umago da quasi sessant'anni. È un po' stanca per i festeggiamenti di ieri – novantanovesimo compleanno, «novantanove» sottolinea – ma pretende comunque di prepararmi il caffè. Umago è un paese della costa istriana: tutte le vie del rione di Chiarbola hanno nomi dedicati all'Istria o alla Dalmazia. Via Pola, via Pirano, via Rovigno, via Antonio Baiamonti, podestà di Spalato. Mia nonna è di Orsera – la bellissima via Orsera picchia giù dalla via dell'Istria verso il mare e i fuochi delle acciaierie di Valmaura – e partì per Trieste nel 1949 su una barca non molto diversa da quelle dei boat people cubani, insieme a mia madre, le mie due zie, un gatto e mio nonno, Angelo Stefanutti. Come quasi tutti gli italiani d'Istria, gli Stefanutti abbandonarono i loro beni nella nuova repubblica federale di Jugoslavia e scelsero la via degli esuli. Dallo Stato italiano vennero ricoverati per un breve periodo in un campo profughi di Brescia e poi definitivamente trasferiti nel quartiere istriano di Trieste, dove in quei mesi arrivarono migliaia e migliaia di altre persone come loro. Molti sono ancora qui come mia nonna – gli istriani sono piuttosto longevi –, altri hanno lasciato in eredità le case (di cui erano solo intestatari) ai figli, i quali hanno potuto riscattarle dal comune e adesso ci vivono nella nuova veste di proprietari. Nonostante gente di varia provenienza si sia aggiunta con il passare del tempo nelle costruzioni più recenti, Chiarbola resta il rione forse più omogeneo quanto all'origine dei suoi abitanti. Gli istriani vi si sono stabiliti, ricreando quel misto di atmosfera un po' marina e un po' rurale tipico della loro terra e autodeterminandosi di fatto come un'enclave di sradicati orgogliosamente nostalgici del proprio primato italico rispetto alle identità ben più spurie dei triestini: l'Istria è stata per secoli veneziana, come veneziano è il dialetto con il quale gli istriani si esprimono.

Mentre versa il caffè, mia nonna mi ricorda di quando andavamo a salutare le galline. In effetti le prime galline vive me le mostrò lei. Era un piccolo cortile, una specie di sottoscala poco lontano da qui, dove una sua amica aveva costruito un pollaio arrangiandosi con mezzi di fortuna, qualche metro di rete recuperato in discarica, cose così. Io avevo tre-quattro anni e quella delle galline era l'unica vera attrazione delle passeggiate con nonna Giovanna. Mi piacerebbe dirle che sono stato anche di recente a controllare se c'erano ancora – sai, nonna, per una cosa che sto scrivendo su Trieste –, il fatto è che mia nonna ormai è quasi completamente sorda, per cui il dialogo risulta piuttosto complicato ed è molto più facile limitarsi ad ascoltare. Le galline, lì in quel sottoscala di via Capodistria, non ci sono più, ma non escludo che vagando per le viuzze della ex corderia o lungo i viali alberati che chiudono il quartiere sul lato di Servola sia possibile trovarne delle altre, che razzolano sul retro di altre case, abitate da altre vecchie contadine mai arresesi alla frigidità borghese della città. D'altronde, capita solo qui di vedere orticelli domestici nelle aiuole dei garage, gente che pianta miniserre sui balconi di casa.

Gli istriani, anche dopo la loro completa integrazione nel tessuto sociale di Trieste, non smettono di sentire forte il richiamo per la loro terra. Sulle ampie scalinate che collegano via Baiamonti a via Umago c'è un vecchio vinaio con le botti di legno impilate dietro il bancone, dove mia nonna si riforniva del *vin de casa*. Era un rosso acido appena più discreto della *trapa de casa*, una grappa di cui mi omaggiava quando la venivo a trovare, ogni visita un litro, finché è riuscita a far la spesa da sola. I prodotti *de casa* sono spesso il risultato di lavorazioni frettolose e sparagnine la cui qualità non vale l'ultimo dei prodotti industriali, ma mia nonna ci metteva di suo la mitologia familiare, lo *Heimat*, l'amore per la terra, e tutte le malinconiche illusioni di un paradiso perduto.

Da quel vinaio, ad esempio, nonno Angelo andava a bersi un calice, la sera. Cannoniere della marina italiana, di stanza a Pola durante la guerra, mio nonno mi è sempre stato descritto da mia madre come un uomo semplice, facile vittima di strumentalizzazioni, tipo quella dell'altro nonno, nonno Marcello, che lo nominava solo per dare dei fascisti ai consuoceri e a tutti gli Stefanutti. Avevo due anni quando morì nonno Angelo, non posso dire di averlo conosciuto, credo a ciò che dice mia madre, la quale, tra l'altro, ricorda il primo pranzo a casa dei suoceri come uno dei momenti più traumatici della sua vita. Nonno Marcello, militante comunista, non riusciva a capacitarsi di come si potesse scappare dal regime di Tito e considerava tutti gli esuli istriani dei vili traditori della causa, sicché quel giorno sottopose la futura nuora a un durissimo terzo grado. Quali sono le sue convinzioni politiche, signorina Edda? Secondo lei è un caso che il suo nome sia lo stesso della prima figlia di Mussolini? Perché siete scappati via, se non avevate niente da nascondere? Il pranzo si concluse prima del tempo con una litigata furiosa tra mio padre e mio nonno, il quale, anche dopo essere diventato uno dei più accesi sostenitori della nuora, non stempererò mai il suo giudizio sugli istriani.

Nel fresco del cortile, all'ombra di un ciliegio che sembra il fulcro attorno al quale è sorto il complesso di queste due palazzine, un gineceo ultraottuagenario sta trascorrendo il pomeriggio a suon di chiacchiere. Fino alla scorsa estate si univa anche mia nonna, adesso però non se la sente più di scendere. Qualche volta si affaccia, dice qualcosa alle compaesane, fa finta di capire le risposte e poi si rimette a guardare la tv. Senza la tv nonna Giovanna non saprebbe come sopravvivere, la tv è la sua macchina vitale, il suo polmone d'acciaio. Anche quando ha visite o quando c'è mia zia Lina, che abita con lei, la tv spara a tutto volume i suoi contenitori pomeridiani dall'angolo della cucina. Lei non sente un'acca di ciò che si urlano gli ospiti dei vari talk show, e comunque, anche se fosse in grado di sentirli, non sarebbe capace di seguirne le discussioni, eppure il mondo dentro quello schermo è diventato il suo. Le vecchie di sotto vengono a trovarla, hanno molto rispetto per *siora Giovana*, ma lei preferisce il massaggio tantrico del vortice televisivo, il rullo delle immagini sconosciute su cui deporre in santa pace la merce infinita dei propri ricordi.

Adesso che abbiamo bevuto il caffè mia nonna è tornata a sedersi sul suo trono vescovile, in compagnia della programmazione estiva. Sta guardando *Miss Match* come un gatto che fissa un muro – mi sono sempre chiesto cosa pensa un gatto quando sta per ore e ore con quel muro negli occhi. E mia nonna? Cosa pensa mia nonna? Appena vede che sto per salutarla, mi dice: «*Speta un atimo*», si alza lentamente dalla sedia e arranca verso la camera da letto. La sento aprire gli armadi, rovistare tra borse di nylon, cose di vetro. Torna dopo un po' con una bottiglia di *trapa de casa*. Colpo di scena, a distanza di anni, ecco di nuovo l'incubo della *trapa de casa*. «*Xe quela bona, go mandà tu' zia a ciorla*» mi dice tutta orgogliosa. Mia zia sa cosa penso della grappa del vinaio – lei la chiama *fogo de Russia* –; mi pare chiaramente un suo scherzo. A mia nonna mostro un entusiasmo fin eccessivo, dal modo in cui muovo la faccia e la abbraccio si direbbe che ho appena preso in regalo una magnum di Moët & Chandon. Lei mi sorride fiera sulla soglia di casa mentre la sua cagnetta, svegliatasi d'improvviso per l'apertura della porta, tenta di montarle il polpaccio. Ciao nonna.

In cortile le vecchie osservano sospettose l'estraneo che si allontana verso la macchina. Qualcuna, riconoscendolo, ricambia il saluto. Sono sette matrone dalle facce di cartapesta. Stanno dentro le loro sdraio, infossate da far paura, vestite esattamente come si vestivano in paese cinquant'anni fa, abito intero sotto il ginocchio, retina in testa, circondate dagli stessi inossidabili bastardini che avevano laggiù. Sembrano una di quelle pubblicità folcloristiche e del tutto inattendibili delle agenzie regionali per il turismo, invece sono vere. I loro nipoti hanno la tv satellitare, almeno due telefonini, la linea adsl in casa e in ufficio, ma loro hanno tutta l'aria di allevare ancora qualche gallina nel sottoscala.

In giro per «osmizze»

C'è anche un altro *vin de casa* a Trieste. La qualità non è detto che sia sempre migliore di quella del vinaio di via Umago, ma la tradizione e l'ambiente nei quali nasce sono ben diversi. Si tratta del vino delle *osmizze*.

Su tutto l'arco del Carso è facile notare, anche stando sul mare o viaggiando sulla Costiera, una quantità di piccoli vigneti aggrappati alle pendenze appena appena meno ripide. Ancora più facile, gironzolando in macchina per le stradine nascoste tra quelle vigne, è imbattersi in una frasca, posta in bella vista sulla facciata di una casa contadina. La frasca segnala un'*osmizza* – non a caso in Veneto e in Friuli vengono chiamati *frasche* locali sostanzialmente dello stesso tipo, luoghi spesso adulterati in banali agriturismi ma talvolta ancora fedeli alla loro originaria natura di punti di mescita temporanea. Nelle *osmizze*, come nelle *frasche*, il vino viene venduto e consumato direttamente nella cantina del produttore per un periodo limitato a un paio di mesi. *Osmizza* è una traslitterazione della parola slovena *osmica*, ovvero ottavina, e indicava appunto gli otto giorni di apertura consentiti in passato dal magistrato civico. Nel 1784 un decreto imperiale permise la vendita durante tutto l'anno di generi alimentari, vino e mosto di frutta a chiunque ne producesse, lasciando totale libertà anche sui prezzi e la stagione di attività e ponendo la sola condizione – pensata già all'epoca, viene da credere, come misura contro il reddito «sommerso» – di esporre una frasca davanti alla cantina.

Le *osmizze* sono tante sia sull'altopiano sia nelle vie che dal centro s'impennano in direzione Opicina, come via Commerciale o Strada del Friuli. Aprono in periodi diversi, spesso segnalati su internet e dalle guide gastronomiche, però è più divertente procedere per tentativi ed errori, approfittando della ricerca per farsi un giro in macchina attraverso i paesi del Carso. Io ovviamente ho le mie preferite, ma non ha senso che ve le dica, visto che anche l'*osmizza* meno appariscente si trova comunque in una posizione fantastica: o a picco sul mare o nel cuore di una campagna talmente suggestiva da non far sentire la mancanza delle onde. L'ambiente di solito è molto spartano: due-tre tavolazzi con le panche, stuzzicadenti scolpiti con l'accetta, niente tovaglie. Le pietanze servite di accompagnamento al vino sono in prevalenza formaggio stagionato, prosciutto crudo, uova sode, sottaceti, quasi sempre genuine e molto fresche. Quanto al vino, se siete fortunati potete assaggiare le due glorie locali: il terrano, un rosso asprigno che lascia la lingua colorata per giorni, e la vitosca, un bianco leggero e profumato. Ma se non siete fortunati ve la godrete lo stesso, perché le *osmizze* sono ancora fuori dal circuito «in» del turismo mangereccio e ci troverete solo la gente giusta: studenti, compagnie di amici, coppiette, vecchi intenti a passare un'oretta in un bel posto senza pretese. E ora mi costringo a un'*excusatio non petita*.

A Trieste ci sono parecchi locali dove si mangia molto

bene, ristoranti soprattutto di fascia medio-alta specializzati nel pesce o nella gastronomia giuliana. Io qui non ne parlo fondamentalmente per due ragioni: primo, perché qualsiasi guida in commercio saprà darvi tutte le indicazioni che cercate in modo, a mio avviso, rispondente agli attuali valori in campo; secondo, perché io mi sono un po' stufato di tutta questa mania per il cibo. Dappertutto rubriche sul gusto, tutti gourmet, tutti enologi. Trovo davvero inquietante l'enfasi nevrotica sulla buona tavola che modelli sempre immancabilmente mediatici dettano alla nostra coscienza, alterandone la percezione quanto alle cose importanti della vita. Trovo eccessivo il peso che viene dato alla creatività – sempre più bizzarra e confusa – dell'alta cucina. Mi disturba questa fame di ricette trendy, questa rincorsa di forchette e stelle Michelin per un appagamento della propria autostima e della propria posizione sociale, prima che del palato. Il che, intendiamoci, non significa che mi piacciono le schifezze. Significa che per me è sempre più importante il posto dove mangio – e le persone con cui mangio – rispetto a ciò che mi verrà messo nel piatto. Così, quella volta che io, Flavio e altri amici free-lance siamo saliti a Contovello – era una mattinata quasi estiva di maggio – e ci siamo ficcati nell'ultimo tavolo disponibile sotto la pergola e ci siamo rimessi il pullover per resistere alla brezza e poter continuare ad ammirare il mare blu di Prussia, con la città raccolta tutta in un solo sguardo sotto di noi, quella volta che abbiamo aspettato l'imbrunire lì all'aperto, con le lampo tirate su fino al collo, parlando di un viaggio in Giappone che non saremmo mai riusciti a fare, ecco, quella volta nella brocca, anzi nelle brocche, c'era un normalissimo merlot e sul vassoio della comunissima mortadella col pistacchio.

L'*osmizza* però è anche un'esperienza esotica a un passo da casa. È l'estrema propaggine della civiltà contadina spintasi fino ai margini di una città che, proprio come Venezia, è cresciuta «senza arare né vendemmiare». Salire tra le vigne dell'altopiano, entrare nella cantina di un agricoltore di San Dorligo o di Santa Croce, è anche un modo per capire cos'è Trieste, per identificarla attraverso il suo contrario. Basta allontanarsi di qualche chilometro su per i tornanti del Carso e si vede, come dentro un telescopio virtuale, una fettuccia di palazzi antichi e vie massacrate dal traffico, stretta tra il *vin de casa* istriano e il *vin de casa* sloveno. Quando decidete di andare per *osmizze*, tenete presente che non sono posti da pranzo e cena. Partite con l'idea di una gita e un piccolo spuntino (anche se quasi sempre finisce con uno spuntino e una piccola gita).

Il cimitero di Sant'Anna.
La verità dei nomi

Questo sarà un capitolo di nomi. Nomi di gente morta, non famosa. Li ho appuntati una delle ultime volte che sono stato al Cimitero Monumentale di Sant'Anna, senza ancora avere in mente cosa ne avrei fatto, ma solo per fissare una suggestione che da tempo e molto astrattamente mi girava nella testa per colpa di uno dei miei scrittori preferiti. Nell'*Enciclopedia dei morti* Danilo Kiš s'immagina un archivio universale degli uomini vissuti su questa terra, come se in fondo in fondo l'unico modo possibile per catturare la verità degli esseri umani fosse quello di elencarne gli esemplari, di dirli tutti, lasciando ai nomi stessi la responsabilità di un ritratto insieme complessivo e perfetto. Ebbene, anche per catturare la verità di Trieste verrebbe la tentazione di pronunciare solo i nomi, tutti i nomi delle persone seppellite qui a Sant'Anna*. Io non lo farò perché non sono abbastanza coraggioso, mi limiterò a ripercorrere l'itinerario tra le tombe di quelli che sono finiti nel mio taccuino.

* Tra l'altro, non credo sia un caso che la suggestione venga da Kiš, uno scrittore «misto», serbo di minoranza ungherese, nato a Subotica, nella Vojvodina, e maturato a Parigi.

Sulla lapide nera della famiglia Calandruccio, ci sono Bianca VIDAL KOUSHZA e Antonia ZANON KOUSHZA, appaiate a Santo e Pasquale CALANDRUCCIO. Più sotto, altri nomi meridionali come Carmelo VALENTE e Concetta LEONARDI v. VALENTE. Poi, ancora più sotto, un altro guizzo della famiglia: Micaela KOCMAN.

Mi piace molto andare al cimitero. Sono cresciuto in anni in cui i morti erano ancora un bene prezioso, una cosa tenera, di famiglia, che restava lì nei loculi e si discreava piano. Il cimitero non è l'obitorio. I corpi dentro le tombe non sono cadaveri. Non sono *più* cadaveri. Mi è difficile averne paura. Lo dico perché è chiaramente la paura per i morti – e per la morte – a garantire anche da noi in Italia una così indiscriminata fortuna alla festa di Halloween, la classica trovata degli americani per gli americani, i quali, come ha dimostrato Evelyn Waugh nel suo *Il caro estinto*, si inventerebbero qualsiasi cosa pur di non morire. Invece gli uomini muoiono, per fortuna gli uomini sono mortali. E a me piace che proprio da morti siano presenti e vivi, mi piace poter venire a fargli visita, non mi verrebbe mai di scacciare i loro spiriti con delle zucche vuote.

Tra le tombe addossate al muro di cinta ce n'è una piccola senza croce: un basamento e un tronco di colonna, la foto ritrae un uomo giovane, fiero, coi baffoni di Stalin. Niente date, solo la dedica sulla lapide: «A Carlo UCEKAR, proletariato triestino». Dall'altra parte della stradina, sempre nel Campo I, Antonio SIROVICH. L'epitaffio recita: «Capitano del Lloyd, rapito l'11 luglio 1891 alla desolata moglie ed ai figli», e poi: «Qui teco or giace ogni mia gioia spenta / ma nel dolor che l'anima ritempre / brilla un raggio di fé che la sostenta / sì teco unita sarò un dì per sempre». Poco più in là, la tomba degli ARNERRYTSCH. Sono in tanti, incolonnati per due. Circa a metà compare un ingegnere, Federico AR-NERI, e questo sarà il nuovo nome della famiglia.

Il cimitero di Sant'Anna annovera, seminati attorno ai trentasei campi della parte cattolica: un distretto maomettano, uno greco-ortodosso, uno israelitico, uno evangelico, uno anglicano – oltre a un ex cimitero militare situato al di là di via della Pace, ma ormai inglobato e rifornito di morti più recenti, comunemente civili, come mio padre.

Mio padre e sua madre, miei unici cari visitabili, stanno in due zone opposte, entrambi ai margini estremi del cimitero, sul confine tra il regno dei morti e le strade assordanti dei vivi. Il lumino di mio padre lo posso addirittura vedere da fuori, sospeso in cima alla quinta parete dei loculi. Faccio in motorino la curva di via dell'Istria e lo vedo. Nonna Lisa invece è sul lato del campo sportivo del Costalunga. Ci passerò dopo.

Gli altri miei morti sono spersi nell'ossario comune. Hanno attraversato tutte le fasi del trattamento cimiteriale. Prima sistemati con la bara nella camera sotterranea corrispondente al proprio numero d'inumazione, poi, dieci anni dopo, scomposti, *ridotti* e inseriti in una scatola di metallo, dentro un loculetto, infine, dopo altri dieci anni, a disfacimento completato, riversati in briciole nell'ossario, riconsegnati buddisticamente alla totalità post-individuale che fiorisce rigogliosa come un rizoma infinito sotto la superficie del mondo.

Famiglia KORENČAN, famiglia WALDNER, famiglia PISSEK, famiglia RANDEGGER, famiglia ROSSEGGER, famiglia ZIZA, piccoli mausolei a schiera. E poi la famiglia BAUCER, prima gli uomini: Vittorio, Antonio, Francesco, Angelo, dopo le

115

loro donne: Emilia BAUCER nata FIDEL, Maria BAUCER nata BOSTJANČIČ, Narcisa PIZZAMUS v. BAUCER. Sotto un cipresso, circondato da bacinelle di cibo per gatti, c'è la lapide di Bruno FRANCESCHINEL † 10 gen. 1939: «Sergente pilota, la più giovane ala d'Italia, mentre pervaso dall'eroica ebbrezza dell'azzurro profondendosi verace e animoso icaro nel cielo redento di Gorizia, perseguiva nuovi sogni di gloria, colto da infido oscuro destino, la salma purissima rendeva alla terra. Lo spirito invitto ricoverava nel seno del dio dei forti. Tergete le lacrime o voi che gli deste la vita, la patria vi ammira nel tempo, il figlio a sé daccanto vi attende nella eternità».

Anche da bambino leggevo gli epitaffi, ci capivo pochissimo e forse proprio per questo mi attraevano. Uno così mi sarebbe piaciuto un sacco. Il giorno di Ognissanti si andava tutti al cimitero. Era una gita calma, silenziosa, piena di tepore. Ero io a individuare il campo dov'era seppellito mio nonno. Anticipavo i grandi e correvo a decifrare sulla pietra il numero romano. Ricordo l'umidità della terra, i lumini rossi sulle tombe, le vaschette delle gattare, il viavai della gente dal tizio che distribuiva i secchi di plastica, la puzza dei fiori, così simile a quella dei denti guasti. Ricordo che imitavo il gesto di mia madre, il dorso delle dita sulla foto e poi il bacio. Oggi è una calda giornata di fine settembre e al cimitero siamo davvero in pochi: i gatti, grassi come lontre, qualche vedova concentrata sulle operazioni di routine – cambio fiori, lucidatura vaso – in un esercizio di trascendimento del proprio sé affinato nel tempo, e io. Il percorso prosegue verso nord-ovest.

Famiglia NAVRATIL, con dentro: Lauretta COCO NAVRATIL, Antonio COCO, Luigia WILHELMI, Vittorina NAVRATIL WIL-

HELMI, Ludovico Mario GORTAN. Poi altri mausolei tascabili: famiglia ECKEL, famiglia ZMAJEVICH, famiglia DANNEKAR. Continuando nello stesso campo, una tomba suddivisa in tre lapidi sinottiche, con rispettivi elenchi incrociati: i FABRIS, gli HAUBERGER, i POLLANZ, che contengono misture tipo Maria POLLANZ nata URSIG, Gilda POLLANZ nata COSSANCICH, e che si evolvono in Vittoria Eugenia POLLA, oppure in Vittorio Ettore POLLANZI. Poi, il romanzo dei RUGGIER: Simone RUGGIER, Antonia COSSOVEL v. RUGGIER, Giovanni RUGGIER e Fanny SCHATOWITZ v. RUGGIER. Dov'è andato a pescarla, 'sto Giovanni, la signorina Fanny (1856-1918)? Chissà le peripezie per conquistarla, chissà i sacrifici per tenersela. Emma Bovary, Anna Karenina, la signora delle Camelie, la signorina Schatowitz – trovo un posto a Fanny in una lignée improvvisata. Sarà morta di tisi Fanny Schatowitz? Sì, così vorrebbe la mia fantasia, ricalcando pigramente un quadro ottocentesco.

Poco più avanti, mi imbatto in una bella tomba liberty COVACICH-NEUMÜLLER. La volta scorsa non l'avevo notata. Le palme e la clessidra in ferro battuto. Premo il naso contro il vetro, guardo con attenzione dentro quella specie di garitta, l'inumazione più recente è della vedova Erica ATTANASIO. Cammino lento nel sole bianco di mezzogiorno, chiedendomi se sarebbe piaciuto anche a me avere una casetta coi miei morti, l'albero dei nomi, le foto sui centrini, chiedendomelo da stoico moderno, possibilista, ma senza essere capace di rispondermi sinceramente.

Sull'altro lato della stradina, leggo: «Tra la terra sconvolta del Podgora il 14 luglio del 1915 sparve il corpo di Emo TARABOCCHIA, soldato volontario del II fanteria, primo tra i primi a volere la guerra e a combatterla. Sua anima luminosa protegge le nostre che egli amò solo dopo la patria». Il povero patriota Tarabocchia è stretto d'assedio dalla tomba dei BUCHLER, a sinistra, e da quella dei WOHLFARTH – scritto addirittura in gotico! – a destra. A colmare gli odi della Grande Guerra ci pensa una tomba semplice di pietra ruvida che raccoglie sulla stessa lapide una macedonia di slavo-istro-veneti: BETTINI DE GIAXA MITROVICH CORRER.

Da qui, per raggiungere il campo di mia nonna, devo percorrere tutto il colonnato monumentale. Pomposi complessi scultorei dominano dall'alto di un terrazzamento di pietra d'Istria sul digradare panoramico del cimitero. Sono altorilievi di famiglie riunite in salotti aristocratici, ritratti tipo padri della Costituzione americana. Sono leoni alati della Serenissima, madonne benedicenti, cristi neoclassici affranti, aggrappati alla croce del proprio Calvario. Sono obelischi, dee bendate, serpenti che si mordono la coda nel moto circolare dell'eternità pagana. Putti pensosi, i musetti tristi, il gomito appoggiato sull'urna. Sono i monumenti dei CURRÒ PSACHAROPULO, dei CAPPELLETTI-TÜRK, di Paolo PREINITSCH: «Nato in Rosek di Carinzia, esercitò in Trieste per LX anni la spedizione. Le ricchezze frutto di straordinaria solerzia non cangiarono i costumi in lui. Pio, probo, benefico, si addormentava in Dio il XXVII aprile MDCCCXL in età di LXXVIII pianto dalla moglie, dal fratello e dai nipoti». Sul lato sinistro della tomba c'è una lapide con nomi come: Pauli e Pavel KAVČIČ, Carlo, Cecilia, Amalia, Joseph PREINITSCH, ma anche Pauline BUFFULINI. Sul lato destro, c'è una lapide con i PREINITSCH combinati insieme ai nobili DE HASSEK, Pietro, Orazio, Elisa DE HASSEK. Poi, metamorfosi, Ermenegilda D'ASSE, e il retrogusto straniero svanisce.

Mi fermo davanti a un altro monumento senza croce, una porta con delle divinità greche, forse Lari. L'epitaffio recita: «A Carlo D'OTTAVIO FONTANA, numismatico e mercante che quasi sessagenario passò nel XXXII del secolo XX. Qui l'ossa collacrimate il figlio Carlo compose». Ovviamente ci sono anche epigrafi in tedesco, in serbocroato o in sloveno, come questa di Družina TOMAŽIČ: «Če bo vreme lepo, bom vesel in bom pozdravil še enkrat naravo in svet, saj ne bo nič hudega, vse bo minilo v hipu in zemlja, ki sem jo vedno ljubil, me bo sprejela in jaz bom njen del, klica novih presnavljanj, klica novih življenj»*.

Ma la vera attrazione, per me, ben più del colonnato monumentale, è sempre stata la galleria dei loculi. Un lungo corridoio simile a quelli che collegano due linee di metropolitana, solo più fresco e interamente foderato di morti. Cammini dentro e ne sei avvolto, ex uomini ed ex donne coi nomi tra loro dissonanti, istoriati di lontane provenienze, esodi, imbastardimenti. Fuori, la parete è composta di lapidi ancora più piccole, migliaia di loculetti esposti a mezzogiorno, un mosaico di storie durate un poco e poi finite. Si distinguono meglio le facce, sotto il sole. È tutta gente da posto comune, la foto ovale, a colori, tre quarti di profilo, il vestito del matrimonio, lo sfondo neutro dello studio fotografico. Ogni tanto qualcuno che ride dal finestrino della prima Seicento, qualcuno che tiene in braccio un cane, qualcuno ritagliato da una foto di gruppo, sulla spalla ancora la mano di chi stava nella fila dietro. Ma perlopiù sono sem-

* «Se il tempo sarà bello, sarò allegra e saluterò ancora una volta la natura e il mondo, perché non sarà niente di grave, tutto finirà in un attimo e la terra che ho tanto amato mi accoglierà e io diventerò parte di essa, un germoglio di nuove trasformazioni e nuove vite».

plici scatti identificativi, fayum eseguiti in fretta nell'era della tecnologia, ritratti di morti senza tomba di famiglia, senza casetta.

Eppure questa galleria non mette tristezza, c'è la confusione della strada a tenere su chi l'attraversa. Via Costalunga corre proprio alle sue spalle. La parete di loculi termina dove il muro curva per seguire la discesa verso il campetto di calcio. Si sentono gli urli dei ragazzi che chiedono palla – «ouu!» «guardaa!» «passaa!» –, i rilanci di collo pieno, gli scarpini che graffiano il terriccio in contropiede, l'allenatore che straccia l'aria col fischietto. Qui, in mezzo al baccano del gioco, separata dalle squadre cadette del Costalunga solo da un muretto alto due metri, ultima tomba all'angolo nord-est del campo XXXIV, giace mia nonna Lisa. Ogni volta che vengo fin quassù a trovarla ho in mente due immagini, sempre le stesse. La prima è la collina scelta da Karen Blixen per far seppellire l'amato Dennis Finch-Hutton, la collina accarezzata dal vento dove vanno ad accoppiarsi i leoni nella *Mia Africa*. La seconda è la Città dei Morti del Cairo, una necropoli abitata da un milione di persone, con le loro botteghe, le loro scuole, i loro panni stesi tra le tombe. Mia nonna sta su una specie di collina dei leoni, immersa in una vivacissima Città dei Morti. La sua bara non è stata inumata in un vano sotterraneo come nei campi centrali, ma è stata interrata nel modo classico. Sopra, una lastra di marmo, minuscola com'era lei. Attorno, l'erba alta. Luisa BARBIERI v. COVACICH ☆ 17.12.1912 † 27.9.1976. Mi chino a osservarla da vicino: i capelli corvini, gonfiati sulla nuca con le sue manine da parrucchiera, la collana di perle, gli occhi pieni di voglie, ancora pronti a prendersi su e andare. Sfioro la fotografia, bacio le nocche, aggiusto le gerbere finte. Dal campetto arrivano le indicazioni del portiere ai suoi, credo per una barriera. La mia enciclopedia dei morti è finita.

Ogni anno la traslazione di nonna Lisa nell'ossario comune viene rinviata. Sembra che il suo campo abbia una terra miracolosa, condizioni geochimiche particolari, conservanti antibatterici naturali che ritardano la decomposizione dei corpi. Penso spesso a lei come a una piccola mummia egizia, rimasta intatta senza bisogno di oli vegetali, sali, cera d'api, resine balsamiche. Una donnina morta che i ragazzi di là del muro, con tutto quel gran correre e sbraitare, non lasciano mai sola.

The central figure in the *New* [Testament,]
Jesus of Nazareth, left us a pointe[r]
when he once claimed:

*'I am the way and the truth and the life…
I am the light of the world.'*

This short and easy-to-read book will throw
truth and light on the subject. We will confront a
number of nagging questions:

- Did Jesus of Nazareth marry Mary of Magdala?
- Are the four Gospels of the *New Testament* really
  reliable and trustworthy?
- Does the true story about Jesus lie in the secret books
  discovered by the River Nile in 1945?
- Is the gospel of Judas a reliable first century document
  that turns Judas the betrayer into a hero of faith?
- Has the world been conned with a false message of
  Jesus for almost two thousand years?
- Who was the real Jesus of Nazareth?

...

The Jesus Gospel or
The Da Vinci Code
Which?

BRIAN H EDWARDS
Author, Lecturer & Teacher

The Jesus Gospel or The Da Vinci Code Which?
Text Copyright © 2006 Brian H Edwards,

Published by:

 & CREATIVE PUBLISHING

ISBN 1-84625-047-1
Printed in Kosovo and China
Designed by www.studiohope.co.uk

The Jesus Gospel or The Da Vinci Code Which?

Sixty million and growing

O f all the women in the Bible, it is Mary Magdalene who has stolen the media headlines in recent years. In 2003 a book reached No 1 on the *New York Times* best seller list, and it stayed there for thirty-five weeks. The book was *The Da Vinci Code*, and its author is Dan Brown. He is on record as claiming: '*All the art, architecture, secret rituals, and secret societies – all that is historical fact.*' The book became a best seller in the UK, and was soon running at around 50,000 copies a week. Over sixty million copies have been distributed worldwide in more than forty languages, and it has spawned any number of books, booklets, articles, media documentaries and DVDs — and a blockbuster movie by Columbia Pictures released in seventy-two countries. It has outstripped *Harry Potter* and even *Paddington Bear* who, since his arrival at a London mainline station from darkest Peru thirty years ago, has only topped fifty million copies!

...one of the very few books to sell more copies than The Da Vinci Code in the past two years is the Bible

Time Magazine early in 2005 commented, '*Perhaps it is worth noting that one of the very few books to sell more copies than The Da Vinci Code in the past two years is the Bible.*'

But why should a popular novel arouse so much opposition?

3

A fast tour of the book

The best way to begin an answer to this question is to take a fast tour of the book. The plot is simple:

Priory of Sion
...

On one side of the conspiracy is the Priory of Sion, a secret society dating back to the time of the Knights Templar in the Crusades of the Middle Ages, whose mission is to preserve, at all costs, the true secret of the Holy Grail. When this secret is revealed to the world, which the Priory of Sion is pledged to do at some time, it will correct the false story about Jesus that the world has been conned into believing over the past seventeen hundred years, and at the same time utterly discredit the Christian church.

Opus Dei
...

On the other side of the conspiracy are agents of Opus Dei, a Roman Catholic society determined to find the Grail and destroy it. Knowing full well the devastating effects should its contents become universally known, they will stop at nothing to eliminate all who stand in their way.

Langdon, Neveu, Teabing
...

Caught in between the Priory of Sion and Opus Dei are Robert Langdon, a Harvard professor of iconography and religious art, Sophie Neveu, an agent from the Department of Cryptology of the French Judicial Police, and an eccentric British historian, Sir Leigh Teabing.

Keystone
...

The battle is to possess the Keystone which, when its code is broken, will reveal the location of the Holy Grail.

Rosslyn Chapel
...

But who is the mysterious Teacher manipulating the hideous orgy of death? And where does the ancient Rosslyn Chapel, seven miles south of Edinburgh, fit the search for the Holy Grail? And what is its connection with La Pyramide Inversée in the Louvre in Paris, and Westminster Abbey in London? And precisely who is that French agent Sophie?

That will do for the story!

Undermining the Gospel
...

The Da Vinci Code is an OK novel, but it is not a great read and some find it in places quite tedious. If you are into secret societies, symbols, ciphers, cryptexts, anagrams, cryptograms and the rest, then you may enjoy cracking the codes with the characters. However, if it were not for the undermining of the *New Testament Gospels*, this book would never have made it to the top. When books bash the Bible, they pay well.

...if it were not for the undermining of the *New Testament* Gospels, this book would never have made it to the top. When books bash the Bible, they pay well

5

Why?

Why the fuss?
...

You may be wondering what all the fuss is about, since not too many of us are bothered one way or the other about the legend of the Holy Grail. Why don't we leave the novelist and his readers to enjoy themselves? If we ignore them, they will eventually go away. Unfortunately, it is not quite as straightforward as that. Whilst the book is undoubtedly a novel and all the characters are fictitious, remember that Dan Brown claims, 'The artwork, architecture, documents, and secret rituals depicted in this novel all exist.' It is only the interpretation that is debated by fictional characters.

Catalyst
...

Generously the author concedes, 'My hope in writing this novel was that the story would serve as a catalyst and a springboard for people to discuss the important topics of faith, religion, and history.' Dan Brown concludes that, 'The vast majority of devout Christians understand this fact and consider *The Da Vinci Code* an entertaining story that promotes spiritual discussion and debate.'

Theories or fact
...

At first glance this all looks very reasonable. The problem is, in the book there are plenty of 'theories' but no 'discussion' at all. The theories of Langdon and Teabing are presented as facts that every intelligent person should know, and claims are made for real documents with no attempt to present another point of view. Sophie is hopelessly outclassed in the debate and quickly concedes all her defences. Whilst interpreting the theories 'is left to the reader', the reader is offered no other side of the debate on which to judge the merits of the arguments. No one, anywhere in the novel, takes an opposite view to that presented as fact by the two academics.

Assertions
...

Scattered liberally through the novel are such assertions as 'all academics', 'many scholars claim', 'the vast majority of educated Christians know the history of their faith', with virtually no evidence to back up these wild statements. The implication being that if you did not realise that all this is fact, then you are out of touch and ignorant.

Assumptions
...

The unwary reader may assume that what is claimed in the novel for the 'documents, rituals, organization, artwork, and architecture' are facts. Few readers will trouble to enquire into the evidence, and many will accept the baseless theories of the novel as a good reason to remain disconnected from the *Bible*; they always thought it was nonsense, and now they have strong proof for believing this – proof based on 'real documents'.

Nag Hammadi Library claims
...

How can the reader distinguish between wild imagination and serious academic discussion in a book like this? For example, the claim that the Nag Hammadi Library informs us that Jesus and Mary Magdalene were married is impossible to refute unless the reader takes the trouble to read the documents.

Advice

...

A word of advice therefore: Readers would be wise to assume that all the conclusions in the novel relating to the *Bible* are false – until they have had time to check them out.

What?

What are the central claims of *The Da Vinci Code*?

...

We cannot attribute any of the 'facts' in the novel as necessarily being the personal beliefs of Dan Brown. He has, as we have seen, carefully tried to distance himself from this charge – though later I will suggest his agenda – so I will refer to them as the views of the novel or of Teabing (the eccentric historian).

The Holy Grail is Mary Magdalene

...

Medieval tradition suggests that the Grail was the cup used by Christ at the Last Supper with his disciples and in which Joseph of Arimathea gathered some of the blood of Christ. However, according to the novel, that is not what the Holy Grail (San Greal) is at all. It is none other than Mary Magdalene to whom Jesus was married. The novel maintains that this is 'a matter of historical record'. Jesus had a child from Mary called Sarah. After the crucifixion Mary fled with her child, eventually to France where the blood line of Jesus intermarried with the French royal family to establish the royal Merovingian line. Thus, it is claimed that the words San Greal were originally divided at a different point — to read Sang Réal, Royal Blood. Somewhere in Europe that blood line

– the bloodline of Jesus himself – continues. Somewhere also, the body of Mary is buried and with her, vital documents that will reveal the true story of Jesus and Mary Magdalene.

Hail Mary!
...

Thus, for Teabing the quest for the Holy Grail is literally 'the quest to kneel before the bones of Mary Magdalene. A journey to pray at the feet of the outcast one, the lost sacred feminine.' She is the 'wronged Queen, entombed with proof of her family's rightful claim to power.'

Away with the Gospels –
Matthew, Mark, Luke and John
...

The claim is made that the earliest Christian documents were not the four Gospels: Matthew, Mark, Luke and John (the word 'gospel' means 'good news') but the writings of a movement known as the Gnostics. These state quite clearly that Jesus was just a man and not God, that he married Mary Magdalene by whom he had a child, and that he did not die on the cross. More than this, we are told that the Gnostics provide the true account that women were the first leaders in the church, and Mary Magdalene was chief among the apostles.

All change in the fourth century
...

But then, the novel asserts, early in the fourth century all was changed. The church wanted to downgrade women and upgrade Christ, so they rewrote the story, which is the four Gospels in the *New Testament*. These Gospels claim that Jesus is God, he died and rose again, and men are the leaders. All the Gnostic books were hunted down and destroyed. This scheme was masterminded by the Roman emperor Constantine who, for political reasons, embraced Christianity — the new religion was growing so he decided to back the winner. This is how *The Da Vinci Code* explains it: 'Constantine commissioned and financed a new *Bible* which omitted those gospels that spoke of human traits and embellished those gospels that made him [Jesus] godlike. The early gospels were outlawed, gathered up and burned.'

All this was done, the novel informs us, in preparation for the Council of Nicea called by Constantine to meet in AD 325 in order to force upon the churches the belief that Jesus was really God.

Who are the Gnostics?

Until recently we possessed virtually none of the Gnostic writings, and all we knew about their beliefs was what the early church leaders wrote when they were attacking the Gnostics. Recently discovered documents, we are told, contain the authentic story about Christ. They reveal what the church for the first three hundred years really believed.

In brief: Jesus was a great man but not God. He married Mary Magdalene and had a daughter by her. The real story of Jesus is in the Gnostic writings, and the four Gospels were imposed on the church around the year AD 325. Everything we have been taught about Jesus since that date is a monumental fraud.

Perhaps you can already begin to see the significance of this 'historical novel'.

But is this all true or false? You may or may not want it to be true, depending on your starting point, but the real issue is: how much of this, if any, is historical fact?

Also, where does Leonardo da Vinci enter the conspiracy?

A glance at the Gnostics and their gospels

In December 1945 an Arab peasant, digging for some good soil along the banks of the Nile in Egypt, at a place called Nag Hammadi, stumbled across a large earthenware jar containing thirteen very old books — they are called *codices*; it is generally agreed that these books were hidden towards the end of the fourth century. They contain almost all that we have of the writings of the Gnostics themselves. However, they do at least confirm that what the early church leaders wrote about them was accurate.

What are the Gnostic beliefs

It is not easy to summarise the beliefs of the Gnostics because they often held widely different views from one another. Writing towards the end of the second century, Irenaeus, the leader at Lyons, complained about the Gnostics:

'Every one of them generates something new, day by day, according to his ability; for no one is deemed perfect who does not develop ... some mighty fiction.'

The literature of the Nag Hammadi Library is made up of some of that 'mighty fiction'.

The Gnostic gods

• • •

In brief, the Gnostics were not interested in Christian doctrine, they preferred to express their religion in obscure statements and visionary insights which few could understand. The word 'Gnostic' comes from the Greek word for 'knowledge' and it refers to the secret mysteries that they claimed were not available to all. They believed in two gods: the incorruptible God revealed in the *New Testament*, and the demiurge — an evil god revealed through the *Old Testament*. Jesus was not God, and anyway the Christ was substituted on the cross by an ordinary man. Salvation is not by Jesus Christ taking our sin and its punishment on the cross in our place, but by we ourselves grasping a knowledge of the mysteries, receiving the secrets. Salvation is therefore obtained by us from within ourselves. But only a select few gain this knowledge.

Three Gnostic Books

Let's take a quick look at three of the most significant books in the Nag Hammadi Library.

What is the Gospel of Thomas?

• • •

The Gospel of Thomas is perhaps the most important of the Nag Hammadi documents. It contains nothing of the story of Christ's life, but only one hundred and fourteen sayings allegedly of Jesus. It begins: *'These are the secret sayings which the living Jesus spoke and which Didymus Judas Thomas wrote down.'* That is supposedly the apostle Thomas — the one who doubted the resurrection. Apparently Jesus took Thomas to one side and told him secret things. Parts of the Gospel of Thomas bear similarities with the teaching of Jesus. Some are even straightforward quotations which reveal a clear knowledge of the four Gospels, as for example: 'Jesus said, *"If a blind man leads a blind man, they will both fall into a pit."'* which is clearly taken from Matthew 15:14. But much of it wanders away from the real sayings of Jesus in the four Gospels.

It is interesting to note how the Gospel of Thomas refers to women — remember, this Nag Hammadi Library is supposed to reinstate women as leaders. Here is the very last saying in the 'gospel': 'Jesus said, "I myself shall lead her [Mary] in order to make her male, so that she too may become a living spirit resembling you males. For every woman who will make herself male will enter the kingdom of heaven."'

Perhaps Dan Brown missed this!

Apart from the fact that it was rejected by the early churches, there is one other good reason why we should not take this false gospel seriously: It claims to come from the apostle Thomas, but there is not one scholar who seriously believes that Thomas really wrote it. Why should we trust a writer who pretends to be someone he is not?

What is the Gospel of Philip?

The Gospel of Philip does not claim to be the teaching of Jesus, but is a handbook of Gnostic thinking. Much of it is mysterious, and some would like to think 'deeply spiritual'. Whatever one's view of the Gospel of Philip it is impossible to read it without appreciating by contrast the simplicity and clarity of the four Gospels. Here is a sample of the obscure:

'Light and Darkness, life and death, right and left, are brothers of one another. They are inseparable. Because of this neither are

the good good, nor evil evil, nor is life life, nor death death. For this reason each one will dissolve into its earliest origin. But those who are exalted above the world are indissoluble, eternal.'

Some of the expressions are heretical, for which the early church leaders rightly condemned it. As an example, here is another passage in which the Gnostic denial of the Virgin Birth is clear:

'Some said, "Mary [was] conceived by the Holy Spirit." They are in error. They do not know what they are saying. When did a woman ever conceive by a woman? ... And the Lord would not have said, "My Heavenly Father" unless he had had another father, but he would have said simply "My father".'

According to this document, the world came about through a mistake:

'For he who created it wanted to create it imperishable and immortal. He fell short of attaining his desire. For the world never was imperishable, nor, for that matter, was he who made the world. For things are not imperishable, but sons are. Nothing will be able to receive imperishability if it does not first become a son. But he who has not the ability to receive, how much more will he be unable to give?'

It is hardly surprising that the early church leaders condemned this kind of teaching. It stood far outside the mainstream of Christian belief.

What is the Gospel of Mary?

...

The Gospel of Mary is supposedly the Mary Magdalene of the *Bible*. Much of the document has been lost or damaged and it is hardly possible to assess what Mary really said because large sections are missing. As with the previous two books, it is misleading to refer to it as a 'gospel', since we learn nothing about the life and ministry of Jesus. What we have here is mystic teaching attributed to Mary Magdalene.

Following the ascension of Christ, the disciples were in despair and it is Mary who rouses them to action and courage. Mary then delivered the secret things that she had learned from Jesus.

At the end, Andrew and Peter refused to believe her until Matthew Levi put them to shame — and they all went off to preach the good news. Little more is said about her relationship with Jesus than is recorded above. This 'gospel' sees Mary Magdalene as a favourite of Jesus and one who possessed a knowledge and spirituality superior to that of the apostles. However, it does not advance our understanding at all, apart from confirming the mysteries of Gnosticism.

How can we sum up the Gnostic writings that were lost under the Egyptian sand for so long?

...

• They are not written by those who names are attached.

• They record no history, so we cannot check them out.

• They are full of strange and obscure sayings.

• Their doctrine is clearly out of line with what the early church leaders were teaching during the first three hundred years.

As one scholar has suitably expressed it: '*Only the rubbish of the second century was destroyed. It is still rubbish.*'

Who is the real Mary?

Her true story is told in the four Gospels. Mary is not to be confused with the woman referred to in Luke 7 who gate-crashed a party and poured a valuable perfume over Jesus, wiping his feet with her hair; that woman was probably a converted prostitute and there is no evidence that this was the line of business of Mary Magdalene. It was Pope Gregory who first confused the two in a devotional sermon he gave in AD 591.

However, the four Gospels tell us that Mary Magdalene had been terribly afflicted by evil spirits. She was freed by Christ and joined with a number of other women who took it upon themselves to support Jesus and the disciples out of their own means. We next find Mary at the crucifixion of Jesus, and from there she, along with some of the other women, followed the burial party to the private garden of Joseph of Arimathea and identified the exact location of the tomb. When the Sabbath day was over, Mary went to the market with two friends to buy more spices to anoint the body of Jesus. In his Gospel, the apostle John focuses upon Mary's lone encounter with Jesus in the garden on the morning of the resurrection. Mary was privileged to be the first to see Jesus alive and the first to proclaim his resurrection to the disciples.

On the other hand...

• If the church in the fourth century was so intent on writing women out of the picture, as the novel claims, it made a serious blunder in leaving these stories in. After all, Mary Magdalene was the first to witness and announce the resurrection, and she and the other women showed a great deal more courage than the men at the time of the crucifixion of Jesus.

• In addition, there is more written about Mary Magdalene in the four Gospels than about most of the twelve apostles of Jesus.

Was Jesus married to Mary Magdalene?

From all that is written in the novel about the Nag Hammadi library, a reader might expect that these books are full of evidence to support the marriage between Mary Magdalene and Jesus. Teabing claims that there are 'countless references to Jesus and Magdalene's union.'

...in the Gnostic books there is not one single statement that Jesus and Mary were married

In fact, in the Gnostic books there is not one single statement that Jesus and Mary were married.

So, where did the idea come from?
...

Remember, the theme of *The Da Vinci Code* is that the fourth century church wanted to downgrade women, upgrade men and insist upon celibacy for the priests, so they wrote the Gospels that we now have. The novel must now ransack the Gnostic documents to find something – anything will do, however shaky and vague. And there are just two passages that are suggested in the novel.

Jesus and Mary in the Gospel of Philip
...

In the Gospel of Philip we find one text. But it must be understood that the document is badly damaged and there are parts that are missing, so the dots in brackets in the quotation below mean that part is lost. The novel, in quoting this passage, does not indicate the gaps but simply adds its own words! In the original translation the relevant part reads:

'And the companion of the [...] Mary Magdalene. [...] loved her more than all the disciples, and used to kiss her often on [...]. The rest of the disciples [...]. They said to him "Why do you love her more than all of us?" The Saviour answered and said to them, "Why do I not love you like her? When a blind man and one who sees are both together in darkness, they are no different from one another. When the light comes, then he who sees will see the light, and he who is blind will remain in darkness"' (The Gospel of Philip 63:34).

The novel adopts the words 'the mouth' in the third blank space, to make it read: 'used to kiss her often on the mouth.' Then Teabing claims that this proves that Jesus and Mary were married – though most readers would doubt that even this constitutes 'proof'!

18

First Century Kiss

...

However, the words 'cheek', 'forehead', or even 'hand' would fit the blank space just as easily. Actually the common first century kiss of fellowship for both male and female was on the cheek, therefore unless we have a strong reason for not doing so, we should insert the word 'cheek'.

So, on the basis of a single document that was never accepted by the early church, was lost under the sand for seventeen hundred years, and when found was damaged beyond repair at the only reference that Jesus kissed Mary Magdalene on the — we don't know where — we are to presume that they were married.

Is that scholarship?

Is it honest?

Remember, this is what the novel calls 'a matter of historical record.'

Imagine what Bible critics would say if Christians used that same kind of evidence to try to prove something!

Isn't it strange how some will doubt the clear and well attested evidence of the four Gospels, and yet are prepared to accept as fact, flimsy evidence read into a small and incomplete section of a torn document that was rejected seventeen hundred years ago?

Jesus and Mary in the Gospel of Mary

...

There is one other passage. It comes in the **Gospel of Mary,** where Peter is complaining that Jesus revealed things to Mary that he did not reveal to the other apostles. Matthew Levi rebukes Peter with the words:

'If the Saviour made her worthy, who are you indeed to reject her? Surely the Saviour knows her very well. That is why he loved her more than us.'

That is all. Surely, if they were married this was the very place to say so. Even assuming that this 'gospel' is genuine, is that phrase convincing evidence that Jesus and Mary were husband and wife?

Some evidence!

To support the idea that Jesus married Mary Magdalene, or anyone else, there is no other passage that can be appealed to in any ancient writing with clearer 'evidence' than these two. In spite of the wild claims of 'countless references to Jesus and Magdalene's union', this is the nearest the Nag Hammadi Library ever gets to suggesting that Jesus and Mary were married.

Two scholars comment

Bock
...

Prof. Darrell Bock, who specialises in the documents of the early church, referred to his own library of the writings of the early church: he has thirty-eight volumes 'each of several hundred pages, double columns, in small print', and amongst all this, these are the only two texts that can be appealed to for this theory.

Crossan
...

Another scholar, John Dominic Crossan, humorously responded to the question of whether or not Jesus was married, in this way:

'There is an ancient and venerable principle of biblical exegesis [understanding the Bible] which states that if it looks like a duck, walks like a duck, and quacks like a duck, it must be a camel in disguise. So, let's apply that to whether or not Jesus was married. There is no evidence that Jesus was married (looks like a duck), multiple indications that he was not (walks like a duck), and no early texts suggesting wife or children (quacks like a duck) … so he must be an incognito bridegroom (camel in disguise).'

So, not even the dusty Egyptian library of Gnostic books claims that Jesus and Mary were married.

How accurate are the 'facts' of the novel?

It is more than a little odd that the *New York Daily Times* included in its rave review of Dan Brown's novel: 'His research is impeccable'.

In reality his knowledge of languages, the *New Testament* and church history is not strong.

Most of the media examination of *The Da Vinci Code*, focuses on the conspiracy theories involving the supposed Priory of Sion — and it has been thoroughly and consistently discredited on this ground. But this misses the point entirely. Whether or not the Priory of Sion exists as a secret society with a world shattering secret is not really the question. The crucial issue is what the novel says about the reliability of the *Bible*. If the *Bible* is accurate, then even if a Priory of Sion is discovered and its 'secret' of a marriage between Jesus and Mary is revealed, it is the 'secret' that is a fraud, not the *Bible*.

If the Bible is true then the conspiracy theory falls

In other words, if the *Bible* is true then the conspiracy theory falls.

Top Ten
'Errors of Fact'

Here are just ten
significant errors of fact
in *The Da Vinci Code*.

No. 1

In the passage from the Gospel of Philip quoted earlier, the novel pretends that the third word – *companion* – means 'spouse'. Teabing claims: 'As any Aramaic scholar will tell you, the word companion, in those days, literally meant spouse.'

Not many readers can check this one out.

- The facts -

The Nag Hammadi Gospel of Philip was written in Coptic, not Aramaic, but at this point the word used is borrowed from a familiar Greek word *koinonos* which means 'associate', 'partner' or 'companion'. The word for a spouse or wife is a completely different word. To claim that *koinonos* meant spouse is a display of either ignorance or dishonesty.

No. 2

The claim of Dan Brown's novel is that our present four Gospels were not compiled until some time in the fourth century. The whole *Bible*, we are told: 'evolved through countless translations, additions and revisions. History has never had a definitive version of the book.'

- *The facts* -

In all the history of how the Bible came to us, there is no evidence of it **evolving** 'through countless translations, additions and revisions.' The English *Old Testament* is translated from Hebrew and the *New Testament* from Greek — that is just one translation for each. There is no evidence that any of the *Bible* books circulated incomplete before their present form ('additions'), and there is no evidence that any *Bible* books have been altered at some time in their history ('revisions').

To say that history has never had a 'definitive version' of the Bible, is equally untrue. If the word 'version' refers to content, it must be admitted that the Roman Catholic church adds the *Apocrypha* (a collection of books between the *Old* and *New Testaments*), but no one suggests that anything should be added to the New Testament. The *Old Testament* and *New Testament* have been accepted by the church universally for two thousand years as final and definitive. However, if by 'version' he means that there are different translations, that is true, but in that case we do not have a definitive translation of the Gnostic writings either. Any reader can go on line and choose which translator they wish to follow. All great works of literature are available in more than one translation.

No. 3

The claim is made that more than eighty gospels were considered for the *New Testament*: 'and yet only a relatively few were chosen for inclusion — Matthew, Mark, Luke and John among them.'

- The facts -

There are a number of false 'gospels', but nothing like eighty! The total of all early documents written under assumed names that claim to be authentic 'scripture' (the technical word for this is *pseudepigrapha*) does not exceed sixty. Only a very few of these claim to be 'gospels' and five of those are in the Nag Hammadi Library; these 'gospels' are mostly fragments, not one recounts the story of the adult life of Christ, and all were clearly rejected by the early church. To say that only a relatively few were chosen 'Matthew, Mark, Luke and John **among them**' implies that there were more. There never were any other gospels that were chosen by the early church — not one.

> There never were any other gospels that were chosen by the early church — not one.

No. 4

Until the time of the Roman emperor Constantine in the fourth century, 'Jesus was viewed by his followers as a mortal prophet ... a great and powerful man, but a man, nonetheless. A mortal.' However, at the Council of Nicea, called by Constantine in AD 325, the deity of Christ was put to the ballot and it scraped through by 'a relatively close vote.'

- The facts -

The Council of Nicea did not invent the doctrine of the deity of Christ, it laid out a clear statement of what the great majority across the churches believed. Here is part of that creed:

'We believe in one God the Father All-sovereign, maker of all things visible and invisible;

And in one Lord Jesus Christ, the Son of God, begotten of the Father, only-begotten, that is, of the substance of the Father, God of God, Light of Light, true God of true God, begotten not made, of one substance with the Father, through whom all things were made, things in heaven and things on earth; who for us men and for our salvation came down and was made flesh, and became man, suffered and rose on the third day, ascended into the heavens, is coming to judge the living and the dead.'

Of course there were some who questioned the deity of Christ, and that was one reason why the Council was called. But the outcome was this clear statement that Christ is God and whilst distinct as a person, is essentially one with the Father.

This is what the majority of churches across the Roman world clearly believed.

The claim that the deity of Christ was affirmed 'by a relatively close vote' is a strange way to describe a Council attended by nearly three hundred leaders of whom only two refused to sign what we know today as the Nicean Creed.

No. 5

'The *Bible*, as we know it today, was collated by the pagan Roman emperor Constantine the Great.' Constantine faced a problem because, 'thousands of documents already existed chronicling his [Jesus'] life as a mortal man', so the Emperor devised a bold action: 'the most profound moment in Christian history ... The earlier gospels were outlawed, gathered up, and burned.'

- The facts -

The idea that Constantine invented a new *Bible* is fantasy and has never been suggested by any historian, serious or otherwise. The four Gospels in the *New Testament* had been the only ones accepted for at least two hundred years before Constantine was born. However, what Dan Brown may have been mistakenly thinking about in his phrase 'Constantine commissioned and financed a new Bible' is that in the year 332 (after Nicea notice), the Emperor ordered his advisor and the first church historian, Eusebius of Caesarea, to arrange for fifty copies of the Scriptures to be prepared by skilled scribes and written carefully on the best parchment. There is not a shred of historical evidence that the Emperor was suggesting a rewriting of the text — he simply wanted to ensure that the whole *Bible* was carefully preserved.

What does 'thousands of documents already existed chronicling his [Jesus'] life as a mortal man' mean? There were, perhaps, thousands of copies of these four Gospels circulating all over the Roman empire. But if it means thousands of different and conflicting documents, there is no evidence for this at all. Before AD 325, the four Gospels had been the only ones accepted for around two hundred years.

No. 6

The novel asserts that the Dead Sea Scrolls and the Gnostic Scrolls 'highlight glaring historical discrepancies and fabrications' in the Bible. For this reason, the Vatican (the Roman Catholic hierarchy) tried to suppress the 'scrolls'. Thus 'almost everything our fathers taught us about Christ is false.' Teabing adds: 'Fortunately for historians, some of the gospels that Constantine attempted to eradicate managed to survive. The Dead Sea Scrolls were found in the 1950s hidden in a cave near Qumran in the Judean desert. And, of course, the Coptic Scrolls in 1945 at Nag Hammadi. In addition to telling the true Grail story, these documents speak of Christ's ministry in very human terms.'

- The facts -

The idea that the Dead Sea Scrolls include some of the gospels that Constantine tried to destroy, or that they 'highlight glaring historical discrepancies and fabrications' in the Bible, or that they have anything to say about the Grail story or the life of Christ, is quite ridiculous. None of the Scrolls from the Dead Sea community has anything to say about the Christian gospel, since they are the records of a strict and monastic Jewish sect that had nothing to do with those outside their community. Most of the Dead Sea Scrolls were written long before Jesus died and they were discovered from 1947 and not 'in the 1950s'.

It is true that some academics have suggested that the beliefs of the community at the Dead Sea may have influenced the teaching of Jesus and the Christian church — a few even suggest that John the Baptist and Jesus were members of the community! However, it has been clearly shown that the contrasts between the teaching of the Qumran community and of the Christians are enormous: Members of the Dead Sea community were sworn to celibacy, had no desire to share their message with others and therefore would have had no contact with the Christians, they had no interest in the resurrection, did not believe in the Holy Spirit as a person or a present reality, had no concept of the Trinity, and taught their followers to 'hate their enemies'. In fact the only similarities are what they both share in common with the *Old Testament*.

As for the Nag Hammadi Library, these books could hardly make any comment on the historical details of the four Gospels since there is virtually no history in the Gnostic writing at all; they are almost exclusively the supposed sayings of Jesus and his apostles. Many of their sayings contradict the plain teaching of the *New Testament*, but all the evidence is stacked against the Gnostic writings being any kind of reputable record of Jesus and his disciples.

As for the 'true Grail story', we have seen already exactly what the Gnostic records say about the marriage of Jesus and Mary.

If the Vatican had tried to suppress the publication of the Dead Sea Scrolls or the Nag Hammadi Library, this would have been such big news that we would not have needed Dan Brown's novel to inform us!

No. 7

Brown claims that Constantine changed the Christian Sabbath from Saturday to Sunday.

- The facts -

He certainly did not. It was the apostles who moved the day to Sunday which was the first day of the week (see in the *New Testament* Acts 20:7 and 1 Corinthians 16:2) and referred to it as 'the Lord's day' (Revelation 1:10). Dan Brown's confusion is that in AD 321, Constantine was the first to enact Sunday observance laws, but only because the day as special for Christians was already widespread.

No. 8

The novel refers to the legendary 'Q' Document' that is a book of Jesus' teachings: 'possibly written by Jesus himself'. Admittedly this is a tentative suggestion — which is unusual in *The Da Vinci Code* — but it is certainly a novel idea.

- The facts -

'Q' is well known in academic circles as the hypothetical source of the sayings of Jesus that are common in some of the first three Gospels. No one has ever suggested that Jesus wrote it and we do not even know that it exists. But if it does, it makes no difference to anything that we have in the four Gospels.

No. 9

You may recall that we earlier quoted the claim of Teabing that 'The vast majority of educated Christians know the history of their faith.' This was in the context of the Nag Hammadi Library having effectively disproved the four Gospels.

- The facts -

In reality, the facts that educated Christians who know the history of their faith should be aware of is that, unlike the handful of long-lost Gnostic writings, we have literally thousands of Greek manuscripts of part or all of the four Gospels to help us to be sure that we have an accurate text. A number of these manuscripts are copies made in the second century and some scholars claim to have discovered small portions that were copied in the first century — two hundred and fifty years before the documents in the Nag Hammadi Library.

This mass of evidence in favour of the trustworthiness of the Four Gospels is far stronger than the negative claims of a small collection of abandoned books that had been lost for seventeen hundred years. Besides, how do we know that these fourth century copies of copies of the Gnostic writings are not full of copyists' errors?

No.10

The novel claims that the Gnostic gospels 'enjoyed as great a claim to veracity as the books of the *New Testament*.' This presumably means that there is evidence of their widespread use and support by the churches.

- The facts -

Not a line of evidence is offered for this claim and the vast amount of literature from the second century onwards all runs in the opposite direction. Most of the early church leaders, with the rare exception of men like Marcion who was exposed for his heresy, wrote against the Gnostics writers and condemned those who pretended to be apostles. For example, well before the end of the first century, Irenaeus of Lyons wrote a monumental work *Against Heretics* in which he identified most of the false teaching of his day — including the Judas Gospel.

As we shall see below, they were well able to distinguish the true from the false.

Flawed understanding

In the light of these ten 'errors of fact' it is clear that Dan Brown's knowledge of linguistics fails him, his grasp of church history is weak and his understanding of the transmission of the *New Testament* is sadly flawed.

When were the four Gospels accepted as Scripture?

A first-class *New Testament* scholar, John A T Robinson, published a book called *Redating the New Testament*. In this he concluded that the entire *New Testament* had been completed before AD 70.

Robinson provided many very convincing reasons for this, not least the fact that there is a complete absence of any reference in the New Testament to the destruction of Jerusalem and the Temple in AD 70. In that year, the Roman army laid siege to the city and finally broke in, massacred its defenders and destroyed the Temple and the city. This is something that Jesus himself had prophesied, and we should expect that somewhere in their letters, at least one of the apostles would have used it as evidence of Jesus' authority and a symbol of the passing away of the Jewish faith now that the Messiah had come. **But there is not even a hint** in any *New Testament* book that Jerusalem and the Temple have been destroyed.

Three reasons
. . .

There can be only one of three reasons for this:

- They did not know about it — a ludicrously impossible suggestion.

- There was a massive and well kept agreement, for reasons completely unknown to us, that they would not refer to it — hardly better as a suggestion.

- The event had not taken place at the time the Gospels and letters were written — clearly the best explanation.

Robinson's conclusions are hard to deny, and they point to the circulation of the books of the *New Testament* long before the close of the first century.

Early Church leaders

...

But what do we learn from the church leaders themselves in the first two or three centuries? This is very important to show how far from the truth *The Da Vinci Code* really is.

The church leaders had rules about which books were authoritative

...

Unlike the Gnostic writers, the early leaders never hesitated to contrast their own leadership with the authority of the apostles — and they never pretended to be apostles either.

Ignatius

...

Ignatius was the leader in the church at Antioch around the year AD 112, not long after the death of the apostle John. He contrasted himself with Peter and Paul saying,

'I do not, as Peter and Paul, issue commandments to you. They were apostles; I am but a condemned man.'

Polycarp

...

Polycarp was leader of the church at Smyrna and possibly the most influential church leader in Asia. He tells us that he was a Christian by the year AD 70 and had actually listened to the teaching of the apostles. Before his martyrdom in AD 156 he referred to himself in this way:

'For neither am I, nor is any other like me, able to follow the wisdom of the blessed and glorious Paul.'

A false teacher

...

In fact, the leaders of the churches severely punished anyone who wrote false letters (*pseudepigrapha*). In July AD 144, a wealthy Christian ship-owner from Pontus on the Black Sea was on trial for heresy before the leaders of the church in Rome. Among other things, this shipping magnate called **Marcion** accepted only Luke's Gospel and ten of Paul's letters — and even these he edited. Marcion was a Gnostic, and little wonder that he was excommunicated. But the fact that he could select books means that there were already accepted books in circulation. Tertullian, well before AD 200, reports that a leader in an Asian church was severely disciplined when he admitted writing a document called *The Acts of Paul* — and he claimed that he had only done so because he admired Paul so much.

The writers of the Four Gospels

...

These church leaders also insisted that to be accepted as Scripture, books must be written by or with the influence of an apostle. How does this fit with the four Gospels: Matthew, Mark, Luke and John?

The Gospels of Mark and Luke

...

Although Matthew and John were both apostles, that is, among the Twelve specially selected disciples of Christ, this is not true of **Mark and Luke.**

Two of the early church leaders, Papias and Tertullian, claimed that Mark wrote his Gospel in partnership with the apostle Peter.

Papias was a leader in Phrygia early in the second century and he was very sure that:

'Mark, having become Peter's interpreter, wrote accurately all that he remembered without, however, recording in order the things said or done by the Lord ... So Mark committed no error as he wrote down some particulars just as he recalled them to mind. For he was careful of one thing – to omit nothing of what he had heard or to falsify anything in them.'

Tertullian wrote against the Gnostic Marcion around AD 150 and he also insisted: *'That which Mark had published may be affirmed to be Peter's whose interpreter Mark was.'*

Similarly, Tertullian claimed: *'Even Luke's form of the Gospel, men usually ascribe to Paul.'*

Irenaeus, another church leader, writing around AD 180, agreed with this, as did Origen, writing from Alexandria in Egypt around AD 230.

How old are the four Gospels?

Here is the evidence from the writing of sixteen of the early church leaders who were using the four Gospels long before the year AD 325 — the year, remember, by which time Dan Brown suggests that the emperor Constantine had ordered the four Gospels to be written:

- **Clement** of Rome was using Matthew before AD 100.

- In the letters of **Ignatius,** possibly the successor to Peter at Antioch, there are echoes of Matthew, Luke and John before his martyrdom in Rome in AD 112.

- *The Didache,* a manual of moral instruction and church practice in the early second century, clearly quotes from the Gospel of Matthew.

- The oldest known list of *New Testament* books is found in the *Muratorian Canon;* it is dated AD 150 and includes the four Gospels.

- **Papias,** who died in Phrygia about AD 140, reveals a knowledge of Matthew and John and claims that Mark was written under the direction of the apostle Peter.

- **Polycarp,** the bishop of Smyrna, was martyred as a very old man in AD 155, and he quoted from both Matthew and Luke.

- **Tatian** wrote a harmony of the four Gospels around AD 160 — and it's hard to write a harmony of four books that don't exist!

- **Justin Martyr,** writing from Rome around AD 150, referred to all four Gospels as 'memoirs of the apostles'.

- **Hippolytus,** also writing from Rome between AD 200 and 235, accepted the four Gospels – and no others – as equal in authority to the Old Testament.

- **Irenaeus** in Lyons, wrote at length against heretics in AD 180, quoted from the four gospels more than six hundred times, and claimed that Mark and Luke were written under the guidance of an apostle. Irenaeus claimed that the church accepted only one Gospel in four forms.

- **Theophilus** from Antioch, around the year AD 180, was using three of the four Gospels.

- **Tertullian** from Carthage in North Africa, became a Christian in AD 195 and he insists that the four Gospels were written either by apostles or their disciples, concluding 'In the Lord's apostles we possess our authority.'

- **Clement** of Alexandria, in Egypt, was put to death under the emperor Severus around AD 202. He was aware of some false gospels circulating, but distinguished between them and 'the four traditional Gospels' which he insisted formed a unity of teaching.

- **Cyprian** of Carthage was martyred in AD 258, he cites almost ten percent of the *New Testament* which included the four Gospels — and he says only four. He quotes from Matthew 178 times.

- **Origen** was a brilliant scholar who taught in Egypt, Greece and Palestine. He died after torture under the emperor Dacian around AD 253. He named and rejected some of the false gospels and referred to the four Gospels as: 'The only indisputable ones in the church of God under heaven ... oracles of the Lord.' He even wrote a commentary on Matthew's Gospel.

• By AD 325, the year of the Council of Nicea, **Eusebius** of Caesarea had researched all the books that the churches accepted as authoritative, and among the 'recognised books' his list included the four Gospels — and no other gospels.

Remember, according to *The Da Vinci Code*, the four Gospels were not written until early in the fourth century — an error of around two hundred and fifty years!

Indisputable evidence
. . .

The facts are that well before the year AD 180 there is indisputable evidence that the four Gospels – and only those four – were accepted from North Africa and across the Middle east to Asia and Europe as the authentic record of the life and teaching of Jesus Christ.

And they were written long before this.

Remember, there were a few other so-called 'gospels' available in the first three hundred years, but they were firmly rejected as false by the church leaders right across the Roman empire and beyond. This is why the Gnostic books found at Nag Hammadi were discarded and lost for seventeen hundred years.

We can for ever reject the strange idea that for three hundred years after the death and resurrection of Christ there was an entirely different group of gospels circulating. The facts are, that within twenty years of the death of the apostle John we have evidence of large parts of the *New Testament* being circulated and eagerly read by the young churches and, what is just as important, they were accepted as having an authority equal to that of the Old Testament. Throughout these early years of the church, leaders and teachers were quoting *New Testament* books as Scripture – and no other writings – to prove their doctrine.

within twenty years of the death of the apostle John we have evidence of large parts of the New Testament being circulated and eagerly read by the young churches

Dan Brown's knowledge of the formation of the *New Testament* canon is certainly not strong.

Where does da Vinci enter the story?

The novel begins in an art gallery in the Louvre Museum in Paris where a work of Leonardo da Vinci holds a vital secret that will be decoded later in the novel. However, it is his painting known as *The Last Supper* that is significant in the plot. Leonardo da Vinci was an Italian painter, sculptor, architect, musician, engineer and scientist who was born in 1452 and is known for his famous *Mona Lisa* painting. However, the theory of Teabing is that Leonardo da Vinci was one of the Grand Masters of the Priory of Sion, the society that held the secret of the Holy Grail. More than this, da Vinci coded a secret into one of his most well-known paintings, *The Last Supper*, which he painted on the wall of a convent in Milan in 1497.

Mary not John
· · ·

Dan Brown's novel claims that the figure of a clean-shaven young man to the right of Jesus at the table is not, as has always been assumed, that of the apostle John, but is none other than Mary Magdalene herself. Looked at closely, the face is very much like that of a woman. Similarly, the gap between Jesus and 'Mary' reveals the V-shape symbolising the woman's womb, or the sacred feminine, and the figures of Jesus and 'Mary' outline the letter 'M'. In addition, there is no cup (or grail) on the table because da Vinci wants us to focus elsewhere for the Holy Grail.

That is The da Vinci **Code.**

Misleading
· · ·

Dan Brown maintains in his novel that 'All descriptions of artwork, architecture, documents and secret rituals in this novel are accurate'. That is a massively misleading claim. In response to this eccentric view of *The Last Supper* here are six points.

-1-

Not a single art historian has ever suggested that the figure to the right of Jesus was intended as any other than the apostle John.

-2-

Leonardo da Vinci, along with many of the Renaissance painters, frequently portrayed young men in a rather effeminate way. Most of these artists represent John as young, fair and clean shaven. Some have seen this as evidence of da Vinci's homosexual tendencies, but this is conjecture. Robert Baldwin, Associate Professor of Art

History at Connecticut College in the USA, has pointed out that after the year 1300 there was a revival of interest in the portrayal of young men by Renaissance artists, and he lists seven of them.

-3-

If the figure is Mary Magdalene, then da Vinci has not accounted for all the apostles, for there are only thirteen figures at the table including Jesus — and Judas is clearly one of them, so it cannot be claimed that he had left.

-4-

Leonardo da Vinci always worked on sketches of his paintings first, and in Venice there is the original sketch of *The Last Supper*; da Vinci has labelled this figure as John the apostle.

-5-

An early sixteenth century copy of *The Last Supper* also labels this figure as 'Johannes'. Though, of course, that artist may not have been in on the plot!

-6-

The absence of a cup is taken to indicate that this is early on in the meal, before the symbolic 'breaking of bread'.

Da Vinci's interpretations

...

However, even if we suppose that one day it is proved beyond doubt that da Vinci did intend his painting of *The Last Supper* to contain these hidden codes, what difference would that make to our knowledge and understanding of the four Gospels and the story of Christ? None whatsoever. Leonardo da Vinci in the fifteenth century would be entitled to his opinions, but his pictures are not our final or best commentary on early documents and the Bible.

Leonardo da Vinci's pictures are not our final or best commentary on early documents and the *Bible*

Where does the
Gospel of Judas fit in?

The simple answer is that it doesn't. It is certain that Dan Brown would have made some use of it if it had been translated in time, but he was denied this little extra.

In a blaze of publicity The Gospel of Judas was launched into the world's view by the National Geographic Magazine in April 2006. Dire predictions accompanied the documentary on the National Geographic Channel that this revelation 'could create a crisis of faith'. Others suggested that we may have to rethink the story of Christ in the light of this new revelation.

Facts about the Judas 'Gospel'
...

The story of how The Gospel of Judas, discovered in Egypt in 1978, was offered for sale in 1983, and came into the hands of a group of interested experts in 1999, need not bother us — though it is one of mystery and intrigue. However, the following facts need not be doubted: The copy, written in Egyptian Coptic on 13 pieces of papyrus, has taken five years to reassemble, decipher and translate because of its very poor condition; some fifteen percent has been irretrievably destroyed. It takes about ten minutes to read it through. The papyrus is reliably dated between 230 and 330 AD. The original was probably written just prior to AD 180 because in that year Irenaeus, the leader in the church at Lyons, referred to a 'Gospel of Judas' in his treatise Against Heresies.

The Cainites
...

Irenaeus claimed that he had gathered much of the heretical writings together so that he would be better able to respond to them. At this point he was writing against a group he referred to as 'Cainites', an unorthodox group clearly out of step with the mainline views of the churches in the early second century. Here are the precise words of Irenaeus:

> *'They declare that Judas the traitor was thoroughly acquainted with these things, and that he alone, knowing the truth as no others did, accomplished the mystery of the betrayal; by him all things, both earthly and heavenly, were thus thrown into confusion. They produce a fictitious history of this kind, which they style the Gospel of Judas.'*

What is the Gospel of Judas?
...

In brief, The Gospel of Judas tells the 'secret account of the revelation that Jesus spoke in conversation with Judas Iscariot during a week three days before he celebrated Passover', and recounts the following story:

The disciples were meeting for a meal when they offered a prayer of thanksgiving. Jesus laughed at them, and when they enquired why, he responded that they are under the impression that 'your god [will be] praised'. The disciples became angry and 'began blaspheming against him in their hearts.' When challenged by Jesus, only Judas could claim to know who he really was.

Jesus took Judas on one side and shared with him some of 'the mysteries of the kingdom.' Later Jesus interpreted a dream of the disciples, though much of this is obscure and much is missing from the fragment; what is clear, however, is that Jesus accused them of worshipping the god of the *Old Testament* and of leading the people astray. Subsequently Judas shared privately with Jesus that he had had a vision of all the disciples stoning him, and in response Jesus told him more of the 'mysteries' of the kingdom, promising that 'You will be cursed by other generations — and you will come to rule over them. In the last days they will curse your ascent to the holy [generation].' Jesus then shared with Judas things that no eye had ever seen. What follows is an obscure speech – not helped by large parts that are missing – about the origin and destination of the world, all in Gnostic language.

The critical phrase
...

Which brings us to the final part of the conversation in which Judas asked about the future of those who have been baptised in his name, to which Jesus replied:

'But you will exceed all of them. For you will sacrifice the man that clothes me.'

That is the critical phrase. The Gospel of Judas has been hailed as revealing that Jesus effectively asked Judas to betray him, and that therefore Judas was in reality not a traitor but carrying out the will of God. This is the sole authority for that claim.

Is it a Gnostic document?
...

The Gospel of Judas is almost certainly the text that Irenaeus referred to in AD 180 since it contains all the hallmarks of the Gnosticism that he was writing against.

- The fact that Jesus mocked the disciples for praying to the god of the *Old Testament* is in line with the Gnostic view that the *Old Testament* god was a demiurge, inferior to the God of the *New Testament* and opposed to him.

- It is clearly a Gnostic writing since it contains a reference to 'Sophia', the goddess so loved by the Gnostics and frequently referred to in Irenaeus' critique of Gnosticism.

- The reference to 'the man that clothes me' reveals the Gnostic view that the Christ merely inhabited the body of a man and left before the crucifixion.

- The esoteric language throughout is typical of all Gnostic writings.

The National Geographic documentary
. . .

The *National Geographic* documentary closed by suggesting: 'It challenges us to ask why we believe what we do.' That may be the only reason that we have cause to be grateful for the Gospel of Judas!

The New Testament Gospels
. . .

By contrast, the Four Gospels in the *New Testament*:

- Were written far closer to the events they record (by more than 100 years).

- Were written by the people whose names appear on the book.

- Are contained in complete and reliable manuscript copies of which we have hundreds including translations.

- And are presented in easy to read stories and mostly plain to understand teaching.

It is not difficult to understand why The Gospel of Judas disappeared under the sand sometime in the third or fourth centuries and resurfaced in a single papyrus almost destroyed beyond recognition, nearly two millennia later. It did not merit a place in anyone's library — it still does not.

Back to *The Da Vinci Code*.

What is Dan Brown's real agenda?

There is no doubt that Dan Brown had his own agenda for writing the book other than to create a popular novel. He claims to be a Christian, after a sort, and refutes any idea that the book is anti-Christian, claiming: 'This book is not anti-anything.' Brown set out to explore 'certain aspects of Christian history that interest me.' Whilst he offers his work as a good point for discussion and humbly claims only that, 'it is my belief that some of the theories discussed by these characters may have merit', this is, as we said at the beginning, a little devious because of the way the book is cast. Statements are made that the average reader has no way of easily checking and they are not offered as interpretations or discussion points, but 'facts' of history. There are three agendas that clearly show through.

Promoting the sacred feminine

...

Dan Brown admits to an agenda to promote the sacred feminine. The whole thrust is that the *New Testament* was written by the winners in the struggle for supremacy, and those winners were the men: 'Powerful men in the early Christian church "conned" the world by propagating lies that devalued the female and tipped the scales in favour of the masculine.' From the fourth century on, it was men alone who occupied the centre stage on the Christian scene, and it is now time that history was re-written to reflect the leadership of women up to that point.

In response, we have already seen that the *New Testament* books were completed and circulating well before the close of the first century. However, we can add that there are no ancient documents that speak so highly of women and guard their value with such care as the *New Testament* does. The Gospels are unashamed in their record of the faithful ministry (Luke 8:1–3 and Mark 15:40–41), deep spiritual devotion (Mark 14:1–6), and outstanding courage of the women (John 19:25). They were the first to see Jesus alive after the resurrection and the first to announce his resurrection to the apostles. In the letters of Paul and Peter women are to be loved by their husbands 'as Christ loved the church' (Ephesians 5:25) and are to be treated with 'consideration' and 'respect' (1 Peter 3:7).

there are no ancient documents that speak so highly of women and guard their value with such care as the *New Testament*

But there is more to the novel than this. We are to suppose that as in ancient religion, so even in Judaism and early Christianity, there was a belief in the female deity — a goddess. The wild and unsupported claim is made that:

'*Early Jews believed that the Holy of Holies in Solomon's Temple housed not only God, but also his powerful female equal, Shekinah.*'

The novel makes great play on the 'sacred feminine'. The church from Constantine to the present day has 'demonized the sacred feminine, obliterating the goddess from modern religion for ever.' This belief in a goddess must be restored.

Presenting sex as a sacrament
...

It had to come in somewhere. The only point at which sex enters the novel is when Sophie retells the disgusting sex rituals of the Priory of Sion, and at this point the story takes the inevitable titillating twist. Sex becomes a sacrament in which God is experienced. We are taken back to the ancient goddess Isis, and the sexual experience is that which leads as a pathway to God. We are assured that this was an experience of God which the Jews and early Christians were all involved in. We have noted already the totally false claim that the Shekinah in the Temple of Solomon was known to be a powerful female equal to God. Even the divine name, Yahweh, is turned into a sex symbol.

All this is a blasphemous slander that is wholly without a shred of historical or linguistic evidence and is clearly contradicted by the New Testament teaching on the purity of marriage as the only context for sexual union.

The evidence of early documents is that the Gnostics were condemned by the church leaders for, on the one hand dismissing all material things as evil, and yet on the other, enjoying some particularly sordid pleasures. Jude, writing in the *New Testament*, probably had this kind of thing in his sights when he wrote about 'Godless men, who change the grace of our God into a licence for immorality and deny Jesus Christ our only Sovereign and Lord', and he compared them to the men of Sodom and Gomorrah who 'gave themselves up to sexual immorality and perversion' (Jude 4,7).

the Gnostics were condemned by the church leaders for ... enjoying some particularly sordid pleasures

That is clearly how the *New Testament* writers would have dismissed *The Da Vinci Code*.

Denying that Jesus is God

The most serious challenge of *The Da Vinci Code* is that it denies the claim that Jesus was truly God. There is no doubt that this denial is fundamental to the novel. This, apparently, was a main reason for the 'new *Bible*' to be written in the fourth century; before this, Jesus 'was viewed by his followers as a mortal prophet ... a great and powerful man, but a man, nonetheless. A mortal.'

However, to suggest that the four Gospels simply invented a story of Jesus to show that he was divine and not mortal – omitting those gospels 'that spoke of Christ's human traits' – reveals how little the author has read his *New Testament*.

The True Gospel reality

In reality the Four Gospels reveal the humanness of Jesus on many occasions: he had a human mother and grew up as a child, he worked, became tired and slept, could be hungry and thirsty and he ate and drank, he could be angry and compassionate, he was tempted as we are, and needed to pray. None of this would have been written if the church was out to make him God and nothing more.

The entire *New Testament* maintains the balance of the deity and humanity of Jesus

The entire *New Testament* maintains the balance of the deity and humanity of Jesus.

It is a fact that the letters of Paul in the *New Testament* were circulating at the same time, some would say even before, the Gospels. Paul wrote his letters between the years AD 48 and 64, and he was insistent that Jesus is God.

The claim of the New Testament that Jesus is God

Here are a few examples of the claim in the *New Testament* letters for the fact that Christ is God:

'Who [Jesus], being in very
nature God ... made himself nothing,
taking the very nature of a servant.'
(Philippians 2:6,7)

'In Christ all the fullness of the Deity
lives in bodily form.'
(Colossians 2:9)

'About the Son he says, "Your throne,
O God, will last for ever and ever."'
(Hebrews 1:8)

'We wait for the blessed hope —
the glorious appearing of our great
God and Saviour, Jesus Christ.'
(Titus 2:13)

Jewish understanding

...

Certainly there is no doubt that this is exactly how the Jews understood him:

> 'The Jews tried all the harder to kill him,
> not because he was breaking the Sabbath,
> but he was even calling God his own Father,
> making himself equal with God.'
>
> (John 5:18)

> '"I tell you the truth," Jesus answered,
> "before Abraham was born, I am!" At this,
> they picked up stones to stone him.'
>
> (John 8:58)

> '"We are ... stoning you for ... blasphemy,
> because you, a mere man, claim to be God."'
>
> (John 10:33)

> 'The Pharisees and the teachers of the law
> began thinking to themselves, "Who is this fellow
> who speaks blasphemy? Who can forgive sins
> but God alone?"'
>
> (Luke 5:21)

This is all very different from Dan Brown's assertion that until the year AD 325 no one thought of Christ as God.

In summary

-1-

There is no evidence at all that Jesus married Mary Magdalene — or anyone.

-2-

There is no evidence at all that in the time of Constantine a new gospel was invented, written and forced on the churches.

-3-

There is plenty of evidence that the four Gospels were circulating more than two hundred years before Constantine became Emperor — and they alone were accepted by the churches.

-4-

There is plenty of evidence that from the earliest time the churches believed that Jesus was both truly Man and truly God.

-5-

Even if the mysterious and non-existent Priory of Sion holds the secret story of a supposed blood line of Jesus, it would prove nothing. It would be no more than another legend invented by those who cannot resist the temptation either to add to the record of the *Bible* or to undermine the truthfulness of its message.

What is the truth?

What happened to the Gnostics? They simply died out and their documents were lost, apart from a couple of texts discovered in the nineteenth century and the more recent Nag Hammadi Library and the Judas Gospel. No one should be taken in or shaken by the 'revelations' of *The Da Vinci Code*, because the book has no claim to scholarship or history, and even less claim to honesty.

On the other hand, the *New Testament* has been on trial and tested for almost two thousand years. It has been banned, burned, and subjected to the most stringent critical analysis.

The *Bible* has been called an anvil that has worn out many hammers

No piece of literature has had more books written about it than the Bible. But it stands unscathed.

The *Bible* has been called an anvil that has worn out many hammers.

The Da Vinci Code is yet another hammer.

What, then, is the essential message of those four Gospels that were written well before the end of the first century and have been so valued from the time of the early Christian communities to the present day?

Here are ten facts from the four Gospels worth reflecting on:

Who was he?
...
'And a voice from heaven said, "This is my Son, whom I love; with him I am well pleased."'
(Matthew 3:17)

Where did he come from?
...
*'I came from God and now am here.
I have not come on my own; but he sent me.'*
(John 8:42)

Why did he come to earth?
...
'I have come that they may have life, and have it to the full.'
(John 10:10)

'For the Son of Man came to seek and to save what was lost.'
(Luke 19:10)

'God did not send his Son into the world
to condemn the world, but to save the
world through him.'

(John 3:17)

What did he do?
. . .

'Jesus went throughout Galilee,
teaching in their synagogues,
preaching the good news of the kingdom,
and healing every disease and sickness
among the people.'

(Matthew 4:23)

Why did he die?
. . .

'You are to give him the name Jesus,
because he will save his people from their sins.'

(Matthew 1:21)

The Son of Man did not come
to be served, but to serve, and to give
his life as a ransom for many.'

(Mark 10:45)

What did his death achieve?

...

*'Jesus told them, "The Christ will suffer
and rise from the dead on the third day,
and repentance and forgiveness of sins will
be preached in his name to all nations."'*

(Luke 24:46,47)

What did he promise?

...

*'Come to me, all you who are weary
and burdened, and I will give you rest.'*

(Matthew 11:28)

*'If I go and prepare a place for you,
I will come back and take you to be
with me that you also may be where I am.'*

(John 14:3)

When will he come again?

...

*'You also must be ready,
because the Son of Man will come
at an hour when you do not expect him.'*

(Luke 12:40)

The Good News

The good news is about Jesus as the Messiah, promised by the prophets and expected by the Jews. He was the Son of God, co-equal with the Father, and perfect in every way. His mission was:

-1-

...to reveal the heart of God for the world by his care and compassion

-2-

...the power of God over the universe by his miracles

-3-

...the righteous anger of God against sin by his suffering on the cross

-4-

...the love of God for sinners by his willing death in their place

-5-

...and the certain promises of God by his resurrection and ascension

The Four Gospels
...

To all this, the four Gospels and the letters of the apostles — all completed and circulating by the end of the first century — agree without a single exception or contradiction.

The Da Vinci Code
...

The Da Vinci Code will have served at least some useful purpose, if those who read it are persuaded by its ill-conceived and dishonest claims that the truth is far better, and that, by contrast, Jesus Christ is worthy of our love, obedience and adoration.

The claim of Jesus
...

Jesus once claimed:

'I am the way and the truth and the life,
no one comes to the Father except through me...
anyone who has seen me has seen the Father.'
(John 14:6,9)

Notes -

Notes -